Das große Buch der Streiche

Das große Buch der Streiche

von Jost Niemeier

Mit Illustrationen von
Alois Griesbeck

Südwest

Einbandgestaltung: Kaselow-Design, München,
unter Verwendung einer Zeichnung von Alois Griesbeck.
ISBN 3-517-01103-7
Satz: Typodata, München
Druck und Bindung: Kösel, Kempten

Inhalt

Sterben Streiche und Witze aus?

So ein Buch hat gerade noch gefehlt. Das große Buch der Streiche wird den armen Lehrern und Eltern jetzt auch noch den letzten Nerv rauben. Ist es denn überhaupt notwendig, noch Anleitungen für Streiche, Witze und Gags unters Volk zu bringen?
Natürlich! Nie waren die Zeiten so humorlos wie heute. Die Menschheit wird gegenwärtig mit so vielen Informationen und guten Anregungen überschüttet, Tag und Nacht unterhalten, so daß der einzelne selbst eigentlich nichts mehr dazu tun muß.
Streiche und Witze, die Eigeninitiative erfordern, bei denen man etwas tun muß, um das Lachen auf seiner Seite zu haben, sind selten

geworden. Und gerade in Deutschland hat der Humor in den letzten Jahrzehnten sehr abgebaut. Gab es doch in der guten alten Zeit Streiche in allen Gesellschaftsschichten: Streiche, über die man

sprach, über die geschrieben wurde, und vor allem Streiche, die gemacht wurden.
Schadenfreude ist die reinste Freude, und mit etwas Humor läßt sie sich durchaus ertragen. Der gute Streich zeichnet sich durch Einfallsreichtum und Intelligenz aus und darf auch jederzeit mit den gleichen Mitteln beantwortet werden.
Wichtig ist bei Streichen, daß man sich das „Opfer" genau anschaut, sich überlegt, ob es den Streich verträgt und ob es nicht zu jener Menschengattung gehört, die gleich zum Anwalt rennt und klagt.

Streiche sollen Spaß machen, sollen unterhalten und sollen vor allem die Menschheit zum Lachen bringen. Und jeder, der einen Streich macht, muß damit rechnen, daß auch er „Opfer" werden kann. Es gibt gute und böse Streiche, listige und liebenswerte, lustige und harmlose. Von allen Streichen unterschiedlicher Güte findet man in diesem Buch reichlich. Doch wichtig ist, daß ein Streich nur eines zur Folge hat: Lachen!
Die Zeiten sind arm an schönem Unfug, jeder will nur ernstgenommen werden, und der Sinn für Spaß ist rar geworden. Deshalb ist es höchste Zeit, gegen eine solch fade Entwicklung anzutreten.
Es muß einfach mehr gelacht werden!

Streiche, Scherze und Satiren haben grundsätzlich eines gemeinsam: Sie bringen etwas so, wie man es nicht erwartet hat. Sie überzeichnen, sie übertreiben, sie verdrehen die Logik und das Ergebnis ist, daß man darüber lachen kann. Wie wichtig das Lachen ist, schrieb schon 1909 der russische Foscher Abramow: „Lachen besteht in der Störung der Atembewegung, hervorgerufen durch die rhythmische Zusammenziehung des Zwerchfells." (N. Abramow, Die Gabe des Wortes, St. Petersburg, 1909, Seite 31)
Eine weitere Erkenntnis von Abramow ist die Tatsache, daß ein gesundes Lachen vor Kreislaufstörungen und Herzinfarkt schützt.

Nun gut, das Ziel dieses Buches ist es nicht, die Menschheit vor Kreislaufstörungen und Herzinfarkt zu schützen, sondern den Sinn und das Verständnis für Geist, Witz und Spaß im Alltag zu fördern. Natürlich sind viele Streiche und Scherze aggressiv, denn schließlich muß es immer ein „Opfer" geben, über das die anderen lachen können.
Ein gutes Beispiel in diesem Zusammenhang sind etwa die Minderheitenwitze, die deshalb komisch sind, weil man diesen Minderheiten immer ein falsches Verhalten unterstellt. Minderheitenwitze kursieren auf der ganzen Welt: Die Amerikaner lachen über die Puertorikaner, die Deutschen über die Österreicher und die Ostfrie-

sen, die Franzosen über die Belgier, die Wallonen über die Flamen, und so könnte man diese Liste endlos weiterführen, doch das ginge hier zu weit. Andere Witze und Streiche entstehen in den sogenannten schlechten Zeiten. So gibt es in Krisen- und Notzeiten das, was man landläufig Galgenhumor nennt. Das heißt nichts anderes, als

daß man eine schlechte Zeit mit Humor und Lachen einfach besser ertragen kann.
Eine weitere Art des Witzes ist das Weglassen von eigentlich Wichtigem. Meister dieser Form war der Kabarettist Werner Finck, der mit dem Ungesagten mehr bewirkte als andere mit 1000 Worten, oder ist heute Dieter Hildebrandt, der mit seinen gekonnten Verstotterern viel mehr sagen kann, als andere in ellenlangen Sätzen. Doch die Kunst des Weglassens und Verdrehens ist nur schwer zu erlernen. Allerdings kann man es mit den schnellen, halben Sätzen versuchen, wenn es z. B. darum geht, den Nachbarn oder Freund ins falsche Licht zu setzen: „Nein, nein, so etwas würde er nie machen! Also, ich kann es mir ... also, daß das behauptet wird ... aber es scheint doch nur aus der Luft gegriffen ... der Mann, ich meine, ich kenne ihn ja lange genug, aber daß er ... nein, Mülltonnen wird er nie umkrempeln ... ich meine, na ja, nötig hat er es ja wirklich nicht ... na, man weiß ja nie, aber ich kann's mir ... nein, ausgeschlossen, der und

Mülltonnen untersuchen!" Man wird sehen, wie durch solche Kurz-Satzfolgen und nicht ausgesprochene Unterstellungen dieser Mann, das Opfer, zum absoluten „Tonnenkrempler" wird.
Unsinnige Gerüchte und Beschreibungen gehören ebenfalls zu dieser Gruppe von Wortwitz und intellektuellem Streich. Die Satire besteht vor allem aus der Überhöhung von Tatsachen, Gegebenheiten und negativen Geschehnissen. Dabei bedient sich der Satiriker auch gerne der Verdrehung, der falsch formulierten Dementis, der Betrachtungen einer Person, die den Sachverhalt nicht versteht. Die Satire ist wichtig, denn sie zeigt oft Mißstände in einer Form auf, die vom Leser oder Zuhörer eher verstanden wird als ein einfaches Dagegenreden. Gerade für den Alltag ist die Satire eine wichtige Ausdrucksform, denn man kann darüber schmunzeln oder lachen und sich das Wesentliche dennoch zu Herzen nehmen.
Eine weitere Form von Scherzen und Witzen ist die Parodie, die meist eine Mischung aus Satire, Komik und Pantomime ist. Bei der Parodie wird irgend jemand oder irgendein Sachverhalt wissentlich falsch und lustig dargestellt. So kann man sich mit etwas Humor in der Parodie über jemanden lustig machen, ohne ihn ernsthaft zu kränken. Ob das nun der näselnde Oberstudienrat ist, oder der

Freund, der immer alles falsch macht. Das alles hat immer mit Schadenfreude zu tun, und auf dieser Schadenfreude wachsen die meisten komischen Figuren: „Dick und Doof", der „Starke und der Schwache", „Tom und Jerry", „Der Dicke und der Dünne", alles immer Gegensätzlichkeiten.
Über alle diese Phänomene gibt es viele Bücher, wurde manche Doktorarbeit geschrieben, und auf dieser Basis entstehen fast alle Comics und Witzbücher.
Natürlich soll die Schadenfreude eine ungetrübte Freude sein, und deshalb darf das „Opfer" keinen ernsten Schaden nehmen. Streiche kann man überall und zu jeder Zeit machen. Sie sollten stets witzig sein und damit immer einen Grund zum Lachen bieten.

Streiche lockern den Alltag auf, können Aggressionen abbauen und Spannungen nehmen. Deshalb ist es wichtig, daß man nicht nur Streiche machen kann, sondern auch selbst ein humorvolles „Opfer" ist.
Eventuelle Rückschläge sollte man lachend ertragen.
Also, ganz im Ernst, viel Spaß!

Streiche fürs traute Heim

Das traute und vertraute Heim, sprich die Wohnung oder das Haus, ist für den jugendlichen Scherzbold die geradezu ideale Umgebung, um Streiche auszuprobieren, erste „Opfer" zu finden und überhaupt zu trainieren, wie das mit den Streichen geht. Als äußerst dienlich sind Eltern und Geschwister anzusehen, die diese ersten Streiche doch hoffentlich mit einigem Wohlwollen ertragen. Bestimmt können sie über den einen oder anderen Streich auch herzhaft lachen.

No. 1 „Hörst Du mein heimliches Poltern?"

Ein solcher Poltergeist verfehlt in Haus oder Wohnung selten seine gelungene Wirkung. Ist man doch mit allen heimischen Geräuschen so gut vertraut, daß gerade ein

neues, nicht auffindbares Geräusch den heimischen Frieden ganz erheblich beeinträchtigt. Ein solches, hervorragend störendes Geräusch produziert der gute alte Poltergeist. Man nehme ein geradwandiges Trinkglas, fülle es bis obenhin mit Trockenerbsen, stelle es auf eine Untertasse, gebe zwei Finger breit Wasser in das Glas und trage es dann an einen Ort, der nicht so leicht auffindbar ist. Auf gut deutsch heißt das, daß man den Poltergeist zum Beispiel auf einen hohen Schrank, auf ein Regal, in einen Schrank, in einen nicht genutzten Backofen oder einfach nur unter das Bett des „Opfers" stellt. Schon nach zwei Stunden beginnen die Erbsen im Wasser zu quellen, so daß die Erbsen unten im Glas die oberen Erbsen langsam über den Rand schieben, die dann mit einem stetigen, leisen Knacken auf die Untertasse fallen. Die ganze Geschichte scheint außerordentlich harmlos zu sein, doch wenn man das Geräusch nicht kennt, beunruhigt es. Bis man es entdeckt hat.

No. 2 Der heimliche Randalierer

Hierbei geht es um einen modernen Ableger des Poltergeistes, man könnte auch sagen um den Ofengeist. In den meisten Spielzeuggeschäften gibt es kleine Autos, die man aufziehen kann und die dann losrasen und sich überschla-

gen, wann immer sie auf einen Widerstand treffen. Doch gleich danach fallen sie wieder auf die Räder und rasen von neuem los. Versteckt man ein solches Überschlagauto im heimischen Backofen, so tobt es dort einige Minuten lang blechern herum. Dabei entstehen ebenfalls sehr seltsame Geräusche, die die Küchenbesucher mit einigem Befremden aufnehmen. Die exklusive Variante ist das batteriebetriebene Überschlagauto, das dann immerhin einige Stunden im Ofen randaliert.

No. 3 Mehr Farbe für den Alltag!

In fast allen Apotheken, Drogerien oder Kaufhäusern gibt es Lebensmittelfarben. Diese sehr konzentrierten und intensiven Farben sind ungiftig und lassen sich kinderleicht in alle Speisen und Getränke mischen. Wie es so schön heißt, ißt das Auge ja mit. Und Speisen, die nicht so aussehen wie sonst, lösen beim Betrachter nicht selten ein gewisses Unbehagen aus. Obwohl man die Farben nicht schmecken kann, behauptet jeder, daß die blaue, grüne oder rote Milch nun plötzlich eine andere sei, die hellblaue Quarkspeise überhaupt nicht schmecke und auch der grüne Weißwein äußerst seltsam anmutet. So kann man den lieben Eltern zum Beispiel mal ein blaues Bier servieren oder die Kaffeesahne rosa färben. Wenn sie nicht wissen, woher es kommt, reagieren sie mit Verwunderung und Mißtrauen. Auf eines sollte man achten: Lebensmittelfarben färben sehr intensiv, und davon sind auch Tischdecken, Küchenhandtücher und Finger nicht ausgenommen.

No. 4 „Na dann prost!"

In fast jeder Familie gibt es jemanden, der ein schönes kühles Bier zu schätzen weiß. Ob Vater, Onkel oder älterer Bruder, ein jeder von ihnen kann ein willkommenes

„Opfer" sein. Beim Anblick eines gutgekühlten Pils geraten die Herren und Damen der Schöpfung meist in Verzükkung. Doch schon nach dem ersten Schluck ist der kleine gemeine Scherz perfekt. Für das falsche Pils nehme man ein tiefgekühltes Pilsglas, fülle es bis zum Eichstrich mit goldgelbem Salatöl oder Apfelsaft. Dann schlägt man ein Eiweiß zu einem kräftigen, stabilen Schaum auf und bastelt damit ein vorbildliches „Pilshäubchen" auf das falsche Getränk. Nun fehlt nur noch ein kleines Tablett und man kredenzt es dem „Opfer" mit einem süßen Lächeln und einem herzlichen „Wohl bekomm's".

No. 5 Der Raucherschreck

Menschen, die Zigaretten rauchen, haben es heute ohnehin nicht mehr sehr leicht. Raucher sind aber auch häufige und willige Scherzopfer. Um einen Raucher davon zu überzeugen, daß das, was er pafft, etwas ganz Scheußliches ist, dient folgender Trick: Man nimmt einen Zigarettenfilter, entfernt vorsichtig das Deckpapier und legt den nackten Filter dem Raucher in die Handfläche. Nun beträufelt man aus einem kleinen mitgebrachten Fläschchen den Filter mit etwas Nagellackentferner. Das „Opfer" muß die Hand schließen und kräftig schütteln. Hat es das getan, bittet man mit freundlicher Geste, doch die Hand wieder zu öffnen. Was da zum Vorschein kommt, sieht alles andere als gut aus, denn der Filter hat sich in einen häßlichen weißlichen Schleim verwandelt, der dem „Opfer" nur noch ein kurzes „Igitt" entlockt, bevor es zum Händewaschen stürzt.

No. 6 Das Spukschloß im Zimmer

Es gibt nichts Schöneres als einen richtigen Hausgeist. Geschwister erfreut nichts mehr als ein gutes Gespenst, vor allem wenn man es zur abendlichen Stunde im Zimmer antrifft. Das Hausgespenst ist ein eher einfacher und ungefährlicher Geist, der aber seine Wirkung durchaus nicht verfehlt.

Man nehme ein dünnes Tuch, forme einen Ball aus zerknülltem Zeitungspapier und hänge das Tuch darüber.

Damit es ein richtiges Gespenst wird, malt man noch zwei große schwarze Augen darauf und zieht mit einer Nadel einen Faden durch das Papier und das Tuch, so daß das Gespenst gut aufgehängt werden kann. Jetzt folgt ein größerer technischer Aufwand: Von der Tür weg muß ein Faden durch verschiedene Ösenhaken geführt werden. Dabei befindet sich der Haken No. 1 in der oberen Kante des Türblattes, Haken No. 2 am Türrahmen, Haken No. 3 irgendwo hinten im Zimmer. Der Faden wird an Haken No. 1 festgeknotet, durch Haken No. 2 geführt, dann durch No. 3, und an das Ende des Fadens wird dann das Gespenst gehängt. Der Faden sollte so lang sein, daß beim Öffnen der Tür das Gespenst aus der Zimmerecke hochschießt.
Wer sich also mit Zeit und Liebe einer solchen Geisterstunde widmen will, sollte dies tunlichst unbemerkt vom „Opfer" vollbringen und die Gespenster-Installation erst am Abend vornehmen. Denn erst dann kommt der Hausgeist voll zur Geltung.

No. 7 „Ja, wie läuft der denn rum?"

Die Sache ist bekannt. In Hunderten von Filmen sah man frisch Vermählte in einem Auto davonbrausen, das einen langen Rattenschwanz aus Blechdosen hinter sich herzog. Diese alte amerikanische oder englische Sitte läßt sich abgewandelt auch in den Alltag übertragen. Hier geht es nicht um das Startsignal für eine Hochzeitsreise, sondern um einen Scherz für Mantelträger.
Man zieht auf einen Faden 5–8 leere Zigarettenschachteln auf, verknotet die Schachteln mit dem Faden, so daß ein Gebilde ähnlich einem Drachenschwanz entsteht. Diesen Drachenschwanz näht man mit ein paar vorsichtigen Stichen am Mantelsaum fest und klebt das Ende des Drachenschwanzes innen am Futter mit einem kleinen Stück

Tesafilm fest. Das „Opfer" verabschiedet sich freundlich, zieht den Mantel wie gewohnt an und macht sich auf den Weg. Schon bei den ersten Schritten löst sich das Ende des Drachenschwanzes und fällt herunter. Nun kann man den Mantelträger mit dem kleinen, lustigen Schachtelschwanz so lange über die Straße gehen sehen, bis er stutzt und den Scherz bemerkt.

No. 8 „Da war doch was!"

Dieser Streich gehört zum Standardrepertoire aller Internatsschüler und aller Familien mit vielen Kindern: Die Geisterfäden. Sie wurden in manchen Filmen schon vorgestellt, und ihre Wirkung ist nach wie vor fatal. Man nimmt eine ganz dünne dunkle Nähseide und spannt sie zu abendlicher Stunde in Tritthöhe von ca. 15–20 cm über dem Boden zwischen den Möbeln hin und her. Die Fäden dürfen nicht zu stramm gespannt sein, dafür aber zahlreich. Wenn nun das „Opfer" zu später Stunde im Halbdunkel das Zimmer betritt, wundert es sich bald über die kleinen unsichtbaren Hindernisse. Mit jedem Schritt zieht es kurz am Bein, doch ernsthaft stolpern kann man bei der schnell reißenden Nähseide nicht. Dennoch sollte man bei alten oder gehbehinderten Menschen diesen Trick nicht ausprobieren.

No. 9 Das einzig wahre Betthupferl

Das Betthupferl kommt ursprünglich aus dem Bayerischen und hat natürlich mit dem Bett und Hüpfen zu tun. Eigentlich ist das Betthupferl eine süße Überraschung, ein Stück Schokolade oder ein Bonbon und heißt wahrscheinlich deshalb Betthupferl, weil der Empfänger vor Freude hüpft. Das hier beschriebene Betthupferl hat nichts mit Süßigkeiten und wenig mit Freude zu tun, doch viel mit Hüpfen. Man nehme eine möglichst harte, kratzige Bürste, z.B. eine Wurzelbürste oder das Unterteil eines Schrubbers und schiebt diese Bürste möglichst unbemerkt in der Mitte des Bettes unter das Bettuch. Danach wird das Bettuch wieder gut stramm gezogen, die Bettdecke wieder ordentlich darübergelegt und das Zimmer unerkannt verlassen. Nun kommt zu später Abendstunde der liebe Mitmensch und freut sich auf sein Bett. Als letzte Tat des Tages schwingt er sich mit Elan unter die Decke und landet mit dem Allerwertesten auf der Kratzbürste. Was man unmittelbar danach sehen kann, ist eben der klassische „Betthupfer". Noch unangenehmer ist es, wenn man statt der Kratzbürste eine flache Schüssel mit Wasser unter das Bettuch schiebt oder das ganze Bettuch mit einer guten Portion Juckpulver präpariert hat. Auch Bücher mit harten Kanten lassen das

„Opfer" kräftig hüpfen. In jedem Fall sind alle diese Betthupferl gelungene Streiche, bei denen man allerdings damit rechnen muß, daß sie über kurz oder lang auch den „Täter" ereilen.

No. 10 Das Blut zum Film

Wenn auf der Leinwand Blut fließt, dann ist es meist kein echtes, denn sonst wären die Schauspieler über kurz oder lang ausgestorben. Das Blut im Film ist meist eine dickflüssige Farbe, die in dünnen Beutelchen unterm Hemd oder in den Haaren versteckt wird. Nun bekommt man dieses

Filmblut nicht an jeder Straßenecke, so daß wir uns bei dem folgenden Scherz mit einem Filmblutersatz namens Ketchup behelfen. Ketchup riecht zwar mächtig nach

Tomate, doch ist der Eindruck für das „Opfer" zuerst einmal blutrot. Man nehme eine gute Portion Ketchup in die linke oder rechte Backe, stürze dann mit schmerzverzerrtem Gesicht in das Zimmer des „Opfers", lasse sich dort auf den Boden fallen und kurz darauf unter röchelnden Geräuschen langsam das vermeintliche Blut aus dem Mundwinkel rinnen. Mit verdrehten Augen wartet man nun auf die Erste Hilfe des lieben Mitmenschen, der erschrokken aufspringt und das Schlimmste ahnt.
Spätestens, wenn er den intensiven Tomatengeruch wahrnimmt, ist die Show vorbei. Nun heißt es die Flucht ergreifen, denn die Reaktion des enttäuschten „Opfers" könnte heftig sein.

No. 11 „Ja, geht's uns heute wieder schlecht!"

Es gibt Tage, da möchte man einfach seine Ruhe haben, und wenn man dann noch lästige Arbeiten erledigen soll, die nur durch zähes Verhandeln aus der Welt zu schaffen

sind, hilft nur noch ein rätselhaftes Leiden. Man nehme den Inhalt eines Bleistiftspitzers, davon auch nur den Graphitstaub, und einen kleinen Taschenspiegel.
Mit dem Graphitstaub schminkt man sich große dunkle Ringe unter die Augen. Sieht man so erst richtig schlecht aus, braucht man noch eine kleine Portion schauspielerisches Talent und begibt sich damit zum „Opfer", dem man erklärt, daß man dieses oder jenes gerne tun würde, aber körperlich nicht in der Verfassung sei. Das „Opfer", meist Vater oder Mutter, erkennt je nach überzeugendem Auftritt, daß in diesem Fall nur noch Bettruhe hilft. Und schon ist der Tag gerettet.

No. 12 Der besonders starke Kaffee

Kaffeetrinker schätzen die Zeremonie des Kaffeetrinkens sehr. Hier kommt es auf den Genuß und die Ruhe an, die

durch nichts gestört werden darf. Um so besser ist es, wenn man dieses Behagen durch eine kleine Ungewöhnlichkeit stört. Mit ein paar Tropfen Klebstoff klebt man vor dem Servieren die Tasse auf der Untertasse fest. Dabei ist zu beachten, daß man die Tasse mit der Untertasse nicht mit Sekundenkleber verbindet, denn diese Bindung könnte für ewig sein. Ein ganz normaler Klebstoff hingegen läßt sich beim Spülen kinderleicht entfernen und hat dennoch die Wirkung, die erreicht werden soll. Der Kaffeegenießer fühlt sich durch die anhängliche Untertasse nicht nur erschreckt, sondern auch ernstlich gestört. Eines ist klar, solche Scherze darf man nicht mit teurem oder heiß und innig geliebtem Geschirr machen.

No. 13 „Oh, welch liebliche Düfte"

In jedem Haus gibt es Besucher, die man nicht so sehr schätzt: lästige Tanten oder Onkel, aufsässige Nachbarn oder Lehrer, die ganz im Vertrauen etwas mitzuteilen haben. Gegen diese Art von unerwünschten Besuchern wehrt man sich mit besonderen Düften. Natürlich geht es hier nicht um sehr feine oder erlesene Gerüche, sondern eher um das, was Toilettenduftspender und Klosteine produzieren. Diese Spezies von Duftspendern ist besonders gemein und penetrant.

Man nehme ein Paar Gummihandschuhe, einen Schraubenzieher, ein Brett, ein Schraubglas und einen, wie oben beschriebenen, Duftstein. Dann hacke man kleine Stücke von dem Duftstein und verwahre den Rest im gut verschlossenen Schraubglas. Fünf bis zehn Duftsteinsplitter reichen vollkommen aus, um in der Manteltasche des Besuchers wahre Wolken zu entwickeln. Der Besucher sollte dann bald gehen, damit er seine Duftwolken unterwegs und bei sich zu Hause verbreiten kann.

No. 14 Süß duftet das Telefon

Auch bei dieser Geschichte geht es um besonders feine und erlesene Düfte, z.B. jene, die man in drittklassigen Warenhäusern erwerben kann. Englisches Veilchenparfum oder Türkischer Rosenduft riechen besonders gemein und penetrant. Man braucht nur ein kleines Fläschchen eines solchen starkriechenden Parfüms, um damit viele Telefonhörer präparieren zu können. Ein paar Tropfen auf die Hörerseite gegeben, die das „Opfer" an sein Ohr nimmt, parfümieren den oder die Ärmste für den ganzen Tag. Denn schon beim ersten Telefonat bleibt das Parfüm, das auf den Hörer lauert, am Ohr des „Opfers" hängen. Und den Ärger über den guten Geruch kann man dann noch durch scheinheilige Fragen und kleine Bemerkungen steigern.

No. 15 Das geheimnisvolle Klingeln

Normalerweise weiß jeder im Haushalt, wo das Telefon steht. Und steht es dort nicht, so ist die Verwirrung um so

größer. Also suche man sich einen Ort, der in Reichweite des Telefonkabels liegt, und verstecke das Telefon dort, wo es eigentlich nicht hingehört, z. B. im Schrank, zwischen der Wäsche, auf der Garderobe unter den Hüten, im Papierkorb oder unter der Kommode. Wenn dann das Telefon klingelt, stürzt das „Opfer" zum gewohnten Platz und findet dort nichts vor. Die Suche, die sich dann ergibt, ist meist hektisch und für den Zuschauer eher lustig anzusehen.

No. 16 Das tonlose Gespräch

Mit ein wenig technischem Geschick läßt sich jedes Telefon etwas umarbeiten. Nicht unbedingt im Sinne der Post, aber bestimmt im Sinne der Komik. Denn es kommt viel Freude auf, wenn man beim Telefon das Mikrofon aus dem Hörer ausbaut. Das „Opfer" versucht dann, sich lautstark verständlich zu machen, doch der Gesprächspartner hört nichts und legt verärgert auf. Die Zeit darauf sollte man schnell nutzen, um das Telefon wieder funktionsfähig zu machen, denn unter Umständen ist der Anrufer hartnäckig. Wenn das Telefon dann wieder wie gewöhnlich funktioniert, sind die Überraschung und das Unverständnis um so größer.

No. 17 Eine hartnäckige Verbindung

In den verschiedenen komischen Shows des Fernsehens kommt es immer wieder vor, daß das Telefon nicht so funktioniert, wie es funktionieren sollte. Ein beliebter Gag ist der festverklebte Hörer, der sich nicht abnehmen läßt. Man nehme ein Stück Teppichklebeband, schneide es in zwei Teile und klebe damit den Hörer an beiden Enden auf dem Telefon fest. Wenn das Telefon jetzt klingelt, hat das „Opfer" einige Mühe, den Hörer vom Telefon zu nehmen, und sollte es in letzter Minute doch noch gelingen, klebt es sich meist den Hörer unfreiwillig ans Ohr. Übrigens sind alle Telefonscherze einigermaßen gemein, weshalb man diese auch nur mit Menschen machen sollte, die sich wehren können und für die das Telefon nicht unbedingt lebensnotwendig ist.

No. 18 „Ist Max da?"

Ein weiteres gemeines Telefonspielchen ist der Anruf für den ominösen Max. Max kennt zwar keiner, aber dennoch wird Max im Laufe des Tages für das „Opfer" ein wahres Reizwort werden. Man sucht sich ein „Opfer" aus, von dem man weiß, daß es gerne telefoniert und den ganzen Tag zu Hause ist. Dann ruft man das „Opfer" mehrfach mit verschieden verstellter Stimme an und fragt immer nach derselben Sache: „Sagen Sie, ist Max da?" Spätestens

nach dem zehnten Anruf wird das „Opfer" auf die Frage nach Max ziemlich sauer reagieren und schon fast verzweifelt beschwören, daß es keinen Max kenne. Danach läßt man einige Stunden vergehen und ruft das „Opfer" zum letzten Mal an: „Hier ist Max! Hat jemand für mich angerufen?" Was dann folgt, sind dann meist üble Schimpftiraden, die beweisen, daß der Streich funktioniert hat.

No. 19 Der eiserne Gustav

Der eiserne Gustav ist ein Synonym für die meisten Automaten. Und so bezeichnen auch heute noch gerne Besitzer von Anrufbeantwortern ihr Gerät. In dem Wort Anrufbeantworter steckt an sich schon ein logischer Fehler, denn diese Maschine beantwortet eigentlich nichts, sondern kann nur Nachrichten aufzeichnen. Für einen guten Streich ein echter Vorteil. Als erstes suche man sich im Freundes- und Bekanntenkreis Besitzer von Anrufbeantwortern heraus. Auch im Telefonbuch erkennt man Anschlüsse mit Anrufbeantwortern daran, daß vor der Rufnummer ein quergestrichenes ⌀ steht. Nun schreibt man sich diverse Rufnummern auf einen Zettel und startet die Rundrufaktion. Man hinterläßt auf den verschiedenen Tonbändern die Bitte um Rückruf und eine Nachricht. Bei der Bitte um Rückruf gibt man natürlich nicht seine eigene Nummer an, sondern die Rufnummer eines weiteren Anrufbeantworterbesitzers. Die kleinen Botschaften, die man auf dem willigen Band hinterläßt, sind Termine, Aufträge, Absagen und ähnliches. Man gibt sich als Bahnspediteur aus, der eine Kiste abzuholen hat, oder als Kohlenlieferant, der morgen früh liefert, oder als Gemüsehändler, der heute nachmittag noch vorbeikommt. All diese kleinen Alltäglichkeiten werden von den „Opfern" meist mit Schrecken wahrgenommen und veranlassen sie zu vorschnellen Handlungen. Es ist der Fluch der Technik, der hier beim Reinlegen hilft.

No. 20 Das ist die schwerste Tasche aller Zeiten

Taschen gibt es in jedem Haushalt: Einkaufstaschen, Aktentaschen, Reisetaschen, Handtaschen und Trageta-schen. Für diesen Streich eignen sich besonders gut Hand-

taschen, Aktentaschen und Aktenkoffer. Als „Opfer" die-nen Geschwister, Eltern, Freunde und jeder, der mit einer Tasche ins Haus kommt. Man paßt einen günstigen Moment ab, wenn das „Opfer" die Tasche irgendwo abgestellt hat. Dann schleicht man sich mit einem Stück doppelseitigen Klebebands an, auch Teppichklebeband genannt, klebt das Band erst auf die Tasche und drückt dann die Tasche mit dem Klebeband fest auf den Boden, so daß sie nur noch schwer aufzuheben ist. Es ist ganz klar, daß man bei diesem Streich besonders wertvolle Taschen ausklammert und auch teure Böden schont. Am besten funktioniert der Taschentrick auf Stein- und Kunststoffböden. Will man mehr Verwirrung stiften, kann man die Tasche auch an Türen oder Wände kleben. Auf Glas hält das Teppichklebeband ebenfalls ganz hervorragend. Dennoch sollte man auch bei diesem Streich darauf achten, daß weder die Tasche noch der Boden beschädigt wird. Je weniger Klebeband man nimmt, desto leichter läßt es sich ablösen.

No. 21 Der Schrecken aller Raucher

Normalerweise liebt der Zigarettenraucher seine Marke und hütet das Päckchen, das er dabei hat, wie seinen Augapfel. Und wehe, es vergreift sich jemand daran. Will man also das Päckchen Zigaretten eines Rauchers erbeuten, muß man sich schon eine verdammt gute Geschichte einfallen lassen. Wie z. B. die Geschichte von einem Panzer, dem im Manöver so Unglaubliches widerfahren sei. Während man diese Geschichte zu erzählen beginnt und sicher ist, daß der Raucher zuhört, greift man spielerisch zu seiner Zigarettenpackung, um sie als Demonstrationsobjekt zu benützen. Nun fährt man wild mit der Schachtel auf dem Tisch herum, redet dabei auf das arme „Opfer" ein und erzählt die unglaublichsten Geschichten von fliegenden und schwimmenden Panzern. Während der Erzählung nimmt man vorsichtig eine Zigarette aus der Schachtel, um damit das Geschützrohr des Panzers anzudeuten. Jetzt kommt die Geschichte zum Höhepunkt. Der Panzer will schießen, doch die „Granate verreckt im Rohr", was zur Folge hat, daß „das Rohr platzt" und damit die erste Zigarette in der Mitte auseinandergebrochen ist. Noch hört das arme „Opfer" gespannt zu, doch in diesem Moment des Manövers „schlägt eine Granate in den Panzer ein", indem man mit der Handkante kräftig auf die Schachtel schlägt. Bei diesem Einschlag gehen dann auch die restlichen Zigaretten in Stücke. Sind die Schachtel und alle Zigaretten zerstört, ist es ratsam, sich schnell aus dem Staub zu machen, bevor das arme „Opfer" merkt, daß es überhaupt keine heile Zigarette mehr besitzt.

No. 22 Was raucht eigentlich die Prominenz?

Mit dieser höchst interessanten Frage lassen sich Raucher hervorragend reinlegen. Ob es Vater, Mutter oder Onkel ist, jeder möchte gerne wissen, wer unter den Prominenten was raucht. Dazu leiht man sich kurz die Filterzigarette, die das „Opfer" sich gerade angezündet hat und fragt: „Weißt Du eigentlich, wie Reinhold Messner raucht?" Die logische Antwort heißt natürlich nein! Bei diesem Nein bricht man schnell den Zigarettenfilter ab und behauptet kühn: „Reinhold Messner raucht ohne Filter." Nun hält man die verstümmelte Zigarette wieder hin, gibt sie aber nicht zurück, denn man weiß noch von einem zweiten prominenten Raucher zu berichten: „Weißt Du, wie der Papst raucht?" Auch diese Frage kann der arme Raucher nicht schnell genug beantworten, denn schon hat man die Zigarette im Aschenbecher ausgedrückt und ihm versichert, daß der Papst überhaupt nicht rauche. Unter Umständen muß man sich nach diesem Streich schnell entfernen, denn Raucher haben nur wenig Verständnis, wenn man eine frisch angezündete Zigarette auf diese Art und Weise vernichtet.

No. 23 Die Sache mit der ewigen Asche

Dieser Streich ist eher ein Trick und geht diesmal auch nicht gegen die Raucher, sondern eher mit den Rauchern. Man wettet mit irgend jemandem am Tisch, daß man es schafft, eine ganze Zigarette zu rauchen, ohne daß die Asche abfällt. Diese Wette nimmt natürlich jeder erfahrene Raucher an, denn er weiß, daß das nicht geht. Man läßt sich also eine Zigarette geben und steckt vorsichtig die vorher organisierte Nähnadel so tief in den Tabak, daß sie fast bis zum Filter kommt. Dann zündet man die Zigarette an und raucht sie – sofern man rauchen darf – vorsichtig bis zu Ende. Die Nähnadel in der Zigarette verbindet sich durch die Glut mit der Asche, schmilzt aber nicht und hält so die Asche bis zum bitteren Ende an der Kippe fest. Hat man vorher eine gute Wette abgeschlossen, lohnt sich der Trick. Das sind fürs erste genug Rauchertricks für den Hausgebrauch. Natürlich gibt es noch viele weitere, doch die findet man in dem Kapitel, in dem es um Streiche am Arbeitsplatz geht.

No. 24 Kleine Öffnung – große Wirkung

In jedem Haushalt gibt es Wasserhähne, ob im Badezimmer, in der Küche oder auf der Toilette – überall gibt es

diese kleine Öffnung, aus der mit großem Druck Wasser kommt. Wasserhähne kann man mit wenig Aufwand sehr wirksam umbauen – auch zu häuslichen Beregnungsanlagen. Der einfachste Trick ist, den Wasserhahn vorne mit einem Stück Heftpflaster zuzukleben, bis auf eine kleine Öffnung zur vorderen Waschbeckenkante. Dreht das „Opfer" dann den Wasserhahn auf, so sprudelt der vertraute Strahl nicht in das Waschbecken, sondern eher auf Rock oder Hose. Die ganze Geschichte läßt sich natürlich noch leicht perfektionieren, wenn man unter das Heftpflaster ein kleines Stückchen abgeschnittenen Trinkhalm so klebt, daß dieser wie eine Düse auf das „Opfer" losspritzt. Ebenso hervorragend funktionieren für diese Art von Spritzpistolen andere Klebestreifen oder auch nur ein ausgelutschter Kaugummi. Das einzige, worauf man achten muß, ist, daß sich die Öffnung des Wasserhahns erheblich verkleinert, und damit der Strahl schärfer und in eine andere Richtung gelenkt wird. Sollte man später dann das „Opfer" mit den nassen Hosen treffen, so hat man natürlich von der ganzen Geschichte keine Ahnung.

No. 25 Fußball ostfriesisch

Über die Ostfriesen werden nicht nur viele Witze gemacht, nein, sie selbst haben auch einen recht trockenen Humor. Der folgende Streich ist weniger ein Streich, sondern eher ein gelungenes Reinlegen. Man nehme ein Blatt Papier, ein Schreibutensil und einen Gegenspieler. Nun befragt man sein „Opfer" erst einmal, ob es sich für Fußball interessiert, und ob es überhaupt weiß, wie so ein Fußballspiel abläuft. Mit diesen Fragen trifft man ins Schwarze, denn jeder weiß natürlich etwas über Fußball.
Nach diesem kleinen Vorgespräch malt man ein Fußballfeld auf und fragt seinen Gegenspieler, in welcher Hälfte er spielen möchte. Dann fragt man nach der Trikotfarbe

seiner Mannschaft, der Farbe der Strümpfe und der Farbe der Schuhe, und alles wird ordentlich aufgeschrieben. Das Gegenüber ist jetzt schon richtig fußballbegeistert und nach all dem Vorgeplänkel stellt man nun die Frage nach den Toren, die es schießen möchte. Die Torzahl wird in sein Feld eingetragen, und bei den eigenen Toren rechnet man kurzentschlossen zwei bis drei mehr. Und siehe da, der frischgewonnene Fußballfan hat schon im ersten Spiel verloren.

No. 26 Das Hemd des Kapitäns

Auch bei diesem Streich wird weniger jemand richtig reingelegt als vielmehr ein witziger Effekt vorgeführt. Es geht um das Hemd des Kapitäns, von dem am Anfang der Geschichte keiner weiß, wo es steckt. Und das geht so: Man faltet ein Papierschiffchen. Das Papierschiffchen muß so beschaffen sein, daß man die „Aufbauten" gut sieht. Nun erzählt man die Geschichte von einem neuen, moder-

nen Schiff, das als eines der schönsten Schiffe der Welt gilt. Und dieses Schiff geht nun auf Jungfernfahrt, Mitte November, Kurs Amerika, quer durch die Biscaya. Und hier passiert es! Ein Sturm reißt den Bug weg: Man reißt beim Papierschiff das Vorderteil ab. Da nun viel Wasser ins Schiff drängt, reißt auch noch das Heck ab: Man reißt beim Papierschiff das Hinterteil ab. Ein riesiger Brecher fegt über Deck und reißt die Aufbauten ins Meer: Man reißt das kleine Dreieck ab, das oben aus dem Schiff heraussteht. Nun sinkt das Schiff. Natürlich werden SOS-Signale aufgefangen, und schon macht man sich auf die Suche. Ohne Erfolg. Nicht die kleinste Spur. Nach Tagen der erfolglosen Suche findet man einen winzigen Rest: Das Hemd des Kapitäns! Dazu faltet man den Papierrest auseinander, wodurch die Form eines Hemdes entsteht.

No. 27 Wie bringt man einem Blöden das Rollerfahren bei?

Klar, daß man bei diesem Streich keinem Menschen das Rollerfahren beibringen will. Und schon gar nicht geht es darum, in irgendeiner Form Verkehrsunterricht zu erteilen. Denn man verrät auch am Anfang nicht, um was es geht. Das Gegenüber wird gefragt, ob es geschickt sei und es schaffen könne, ein Streichholz senkrecht mit einem zweiten Streichholz obenauf quer auf der Tischplatte festzuhalten. Die Streichhölzer bilden ein T, und man bittet, nun doch das Querstreichholz mit beiden Händen zu halten. Auf die höfliche Erkundigung, wie es so geht, sagt das „Opfer" natürlich „gut". Jetzt leitet man die zweite Schwierigkeitsstufe ein und bittet das „Opfer", mit dem rechten Fuß zu scharren. Und dabei natürlich die Streichhölzer in der gewünschten Form aufeinanderzuhalten. Nach kurzer Zeit fragt das „Opfer" natürlich nach dem Sinn der Übung, die Antwort heißt: „So bringt man einem Blöden das Rollerfahren bei."

No. 28 Fernöstliche Zahlenspiele

Die chinesischen Schriftzeichen sind für die meisten Europäer ein großes Rätsel. Und überhaupt kann man mit diesen fernöstlichen Zeichen als Durchschnittsmensch wenig anfangen. Um so mehr beeindruckt es, wenn man vorgibt, sich z.B. mit den chinesischen Zahlen auszukennen. Für dieses fernöstliche Zahlenspiel braucht man natürlich einen eingeweihten Mitspieler, der ebenfalls vorgibt, diese Art von Rechnerei zu beherrschen. Man setzt

sich an den Tisch, der Mitstreiter sitzt gegenüber und die ein oder zwei „Opfer" sitzen zur Rechten wie zur Linken. Während man eine Handvoll Streichhölzer auf dem Tisch ausbreitet, erzählt man von dem berühmten Zahlenquiz, das die Chinesen schon seit Jahrtausenden spielen, und das natürlich viel Intelligenz und Vorstellungskraft verlangt. Dennoch seien alles in allem die jetzt folgenden Aufgaben leicht zu lösen.
Man legt aus ein paar Streichhölzern eine x-beliebige

Figur, spricht dabei bedeutungsvoll von irgendwelchen fernöstlichen Weisheiten, während man dem Verbündeten die zu ratende Zahl mit den Fingern signalisiert und das oder die „Opfer" konzentriert auf die Streichhölzer schauen. Die Prozedur wiederholt man ein paarmal durch das Umlegen der Streichhölzer, und die jeweils neue Zahl signalisiert man weiterhin mit den Fingern. Solange, bis entweder eines der „Opfer" auf den Trick kommt oder aufgibt. In jedem Fall macht es keinen Sinn, irgendeine Logik in den wahllos hingelegten Hölzern zu suchen.

No. 29 Das Waschbeckenrätsel

Jeder Mensch nimmt an, daß so ein Waschbecken ohne Murren seinen guten Dienst tut, und es scheint auch ganz logisch, daß das Wasser aus dem Hahn im Abfluß verschwindet. Der folgende Streich eignet sich vor allem für schlecht beleuchtete Handwaschbecken oder Badezimmer, in denen der verschlafene Frühaufsteher das wekkende Naß sucht. Hier hat man am Abend vorher zu später Stunde über das Waschbecken noch schnell eine klare Haushaltsfolie gezogen, jene hochtransparente Kunststofffolie, die von selbst außen auf dem Waschbeckenrand haften bleibt. Das so versiegelte Waschbecken ist für das „Opfer" eine eher feuchte und weniger fröhliche Überraschung, denn dreht es am nächsten Morgen den Wasserhahn auf, so platscht das Wasser auf die stramm gespannte Folie und spritzt in alle Richtungen. Dieser unerwartete Wasserschwall macht das „Opfer" sehr schnell wach.

No. 30 Geschicklichkeit ist Trumpf

Dieser kleine Streich trifft wieder die armen Raucher. Sitzt man an einem Tisch und entdeckt, daß das Gegenüber noch eine volle Schachtel Zigaretten hat, beginnt man sofort ein Gespräch über Fingerfertigkeit und Geschicklichkeit. Kaum ist das Gegenüber in die Diskussion eingestiegen, unterstellt man ihm, einfachste Geschicklichkeitsübungen nicht mehr zu beherrschen. Das löst natürlich blanke Empörung aus. Und man fordert die Probe aufs Exempel. Nun bittet man sein Gegenüber, beide Hände über den Tisch zu halten und dabei die Finger zu spreizen. Zwischen die gespreizten Finger steckt man nacheinander alle in der Schachtel befindlichen Zigaretten, die er oder sie natürlich mit etwas Geschick festhalten muß. Ist die Schachtel leer, so erkundigt man sich höflich nach dem Befinden. Stolz sagt das arme „Opfer", daß es ganz problemlos gehe, worauf man vor seinen Augen die leere Schachtel zerknüllt, mit dem Argument, daß es die nun ja nicht mehr brauche. Eine solche Aktion löst meist blankes Entsetzen aus.

No. 31 Die Finger spielen verrückt

Eine weitere Geschicklichkeitsübung, die beim „Opfer" mit einer überraschenden Erkenntnis endet, ist die Geschichte mit dem seitenverkehrten Fingerreflex. Von Natur aus weiß der Körper genau, was die rechte und die linke Seite jeweils zu tun haben, nun bittet man seinen Mitspieler, die Hände über Kreuz zu falten, und dann beide Hände wieder nach oben zu drehen, so daß die linke Hand vor der rechten Körperseite ist und die rechte vor der linken Körperseite. Jetzt tippen wir dem „Versuchskaninchen" auf die verschiedenen Finger mit der Bitte, sie zu bewegen. Das klappt eigentlich noch ganz prima, doch wenn man beim Deuten die Finger nicht mehr berührt, geht es auf einmal völlig durcheinander. Das „Opfer" verliert die Orientierung und weiß auf einmal nicht mehr, welchen Finger es bewegen soll.

No. 32 Das ist die Fernsteuerung für alle

Man sitzt an einem Tisch und fragt sein Gegenüber, ob seine Halswirbel noch richtig funktionieren und allen Bewegungen, die man mit dem Daumen vormacht, folgen können. Natürlich sagt jeder gesunde Mensch, daß das überhaupt kein Problem sei. Nun beginnt man erst einmal mit einfachen Rechts-Links-Bewegungen, die das „Opfer" leicht nachvollziehen kann. Dann folgen Vor- und Zurückbewegungen und auch mal eine Kreisbewegung. Man muß darauf achten, daß das „Opfer" alle diese Bewegungen gut nachvollziehen kann. Dieses Spielchen treibt man so lange, bis es dem Mitspieler langweilig wird und er die Frage stellt, was es eigentlich zu bedeuten habe. Darauf gibt es nur noch eine freundliche Antwort: „Weißt Du, das ist die Fernsteuerung für Holzköpfe."

No. 33 Die flüchtige Bettdecke

Ein beliebter und alter Streich bei Internatsschülern wie auch unter Geschwistern ist die Geschichte mit der wandernden Bettdecke. Dazu knotet man an der unteren Ecke einen kräftigen Faden an die Bettdecke, zieht ihn unter der Tür oder durch das Schlüsselloch auf den Flur und wartet nur noch, bis sich das „Opfer" zu Bett begibt. Kaum liegt es im Bett und zieht sich genüßlich die Decke bis zum Hals, beginnt man die Gegenaktion, dabei wird die Decke langsam weggezogen. So lange, bis der Gepeinigte merkt, was da gespielt wird.

No. 34 Kann denn Pfeffer Sünde sein?

Naturgemäß kann man mit weißem Pfeffer Menschen, die nicht damit rechnen, viel Überraschung bereiten. So z. B. ist eine mit weißem Pfeffer präparierte Zahnbürste für das abendliche Zähneputzen ein durchaus scharfer Hochgenuß. Ebenso paßt der weiße Pfeffer auch in den Zahnputzbecher oder auf die Seife, wobei er dort die großen Niesanfälle hervorruft. Auch Mineralwasser, mit weißem Pfeffer präpariert, sorgt für scharfe Überraschungen. Überhaupt ist weißer Pfeffer ein guter Ersatz für nicht verfügbares Niespulver.

No. 35 Der Schrankkiller

Dieser Streich ist mit einiger Arbeit verbunden. Diese verwendet man möglichst unbemerkt auf den geschwisterlichen Kleiderschrank. Hier werden dann mit Nähgarn alle Pullover, Hemden, Socken und Unterhosen feinsäuberlich im Abstand von einem viertel Meter aneinandergenäht, so daß, wenn das „Opfer" das oberste Wäscheteil herausnimmt, ihm die weiteren Teile getreulich folgen. Das gleiche kann man noch mit Jacken und Hosen machen, oder man nutzt den Nähfaden, um alle Teile mit einer Reißzwecke fest an den Schrank zu heften.

No. 36 Mal den Teufel nicht an die Wand

Dieses schöne alte Sprichwort bringt den professionellen Streichemacher auf eine gute Idee. Man nehme eine starke Taschenlampe, ein Stück schwarzes Papier und ein scharfes, spitzes Messer. Das schwarze Papier schneidet man zu einer Blende für die Taschenlampe, es muß so groß sein, daß das Taschenlampenglas gut abgedeckt ist. In diese kleine schwarze Scheibe schneidet man nun mit dem Messer ein möglichst furchterregendes Teufelsprofil, dazu kann man die freiwerdenden Flächen wieder mit schwarzen Papierteilen abdecken, so daß beim Lichtaustritt nur ganz feine Linien freigegeben werden. Das Teufelsbildnis wird nun vorne auf das Taschenlampenglas geklebt und mit der so präparierten Lampe wartet man den Abend ab. Die Teufelslampe kann man sehr vielseitig einsetzen, indem man sich im dunklen Flur versteckt, und wenn das

„Opfer" den Flur betritt, man blitzschnell das Teufelsbild auf eine freie Wand projiziert. Ist die Taschenlampe stark genug, läßt sich das Teufelsbild auch auf die Hauswand des Nachbarn schicken oder an die Decke im geschwisterlichen Schlafzimmer. Man muß darauf achten, daß man mit der Lampe nicht erwischt wird, damit der schöne alte Teufelsglaube neue Nahrung erhält.

No. 37 Drei kleine Spiele mit Witz

Zum Abschluß der häuslichen Streiche noch drei lustige Anregungen für Spiele, die in dem Sinne keine Streiche sind, aber dennoch im Familienkreis Spaß machen. Denn auch hier kommt es darauf an, die anderen mit Witz und Überzeugungskraft reinzulegen.

Das **Lexikonspiel** ist ein schnelles Spiel, zu dem man ein Fremdwörterlexikon, Papier und Stifte braucht. Unter den drei bis fünf Mitspielern wird einer ausgesucht, der anfängt und nun ein möglichst unbekanntes Wort aus dem Lexikon heraussucht. Nachdem er das Wort oder den Begriff den anderen mitgeteilt hat, muß jeder auf dem Zettel eine möglichst lexikongerechte und plausible Erklärung abgeben. Ist nun auch der letzte in der Runde fertig, werden alle diese Erklärungen eingesammelt und vom Spielleiter vorgelesen, und danach werden Punkte verteilt. Wer die meisten Stimmen für seine Erklärung erhält, wobei es nicht auf deren Richtigkeit ankommt, hat gewonnen. Denn prämiert werden bei diesem Spiel nicht das Wissen, sondern der Witz und die Glaubwürdigkeit.

Das **Märchenspiel** ist ebenso einfach wie witzig. Auch hier erhält jeder Mitspieler einen Zettel und einen Stift, und von einem Mitspieler werden drei Märchenfiguren vorgegeben, die möglichst nicht zusammenpassen. Danach hat jeder drei Minuten Zeit, mit den vorgegebenen Märchenfiguren eine möglichst spannende, aber auch witzige

Geschichte zu erzählen. Zum Schluß werden alle Märchen vorgelesen und über die beste Geschichte wird abgestimmt.
Das **Fremdwortspiel** ist ebenfalls ein Spiel, bei dem es auf Witz, Geschicklichkeit und Kombinationsgabe ankommt. Jeder Mitspieler darf drei Sätze aufschreiben, in denen er möglichst viele Fremdwörter verwendet. Gewonnen hat der, der die meisten Fremdwörter in einen Satz packen kann, wobei es nicht darauf ankommt, daß diese Sätze unbedingt einen Sinn ergeben, doch sollten sie sich gut anhören.
Soviel zu den Streichen im trauten Heim, bei denen hoffentlich für jeden etwas dabei ist. Wichtigster Bestandteil bei allen diesen Streichen ist der Überraschungseffekt.

Streiche unter freiem Himmel

Wer sagt denn, daß man nur zu Hause oder in der Schule Streiche machen kann. Streiche sind überall am Platze und besonders gut sind die, die man auf der Straße, im Garten oder in der freien Natur verüben kann. Bei den Streichen draußen geht es in erster Linie um solche, die man Menschen spielt, die man nicht so gut kennt. Für die meisten Streiche braucht man Geduld, ein bißchen Ausdauer und eine gute Vorbereitung. Die Streiche draußen sind für alle Menschen gedacht, die den Sinn vom Unsinn schon etwas verlernt haben und vielleicht infolge solcher Erlebnisse wieder auf den Geschmack kommen. Man muß sich einfach etwas trauen, wenn man ein Lächeln oder Lachen anderer gewinnen möchte. Wenn auch manchmal die Streiche sehr einfach erscheinen, so sind sie dennoch wirkungsvoll. Denn auch bei Streichen gilt wie bei so manch anderen Ideen: je einfacher, desto besser. Also nichts wie ab nach draußen und gleich ein paar Sachen ausprobiert.

No. 1 Es geht ein Portemonnaie auf Reisen

Portemonnaies haben etwas an sich, das die meisten Menschen sofort anzieht. Portemonnaies, die man nicht kennt, beherbergen unter Umständen wahre Schätze von Bargeld, unverhofften Reichtum und höchst interessante Geschichten. Liegt ein solches Portemonnaie auf der Straße, so lassen es die meisten Menschen nicht liegen, sondern heben es aus den vorhergenannten Gründen gerne auf. Gemein ist es nur, wenn sich während dieses Aufhebvorganges ein Portemonnaie selbständig macht und dem gebeugten Finder immer wieder wegrutscht. Mit diesem Streich kann man selbst Erwachsene tiefgebeugt über die Straße locken.
Um das zu erreichen, braucht man ein altes Portemonnaie und einen langen dünnen Faden. Dazu braucht man einen

breiten Bürgersteig und eine Hausecke oder einen Hauseingang, in dem man sich prima verstecken kann. Das Portemonnaie wird prall gefüllt mit Geldscheinen aus Zeitungspapier und Münzen aus alten Metallresten. Ein paar Beilagscheiben tun's auch. Dieses scheinbar prall gefüllte Portemonnaie wird am Faden befestigt und dann den potentiellen „Opfern" auf den Bürgersteig gelegt. Man selbst verschwindet hinter besagter Hausecke und lauert auf das erste „Opfer", taucht es dann auf und bückt sich, zieht man langsam an dem Faden und läßt das Portemonnaie auf Reisen gehen. Der vermeintliche ehrliche, gebeugte und nun auch verdutzte Finder braucht schon einen Moment, um diesen Streich zu durchschauen. Den meisten Menschen ist es dann recht peinlich, sie richten sich schnell auf und tun so, als ob nichts gewesen wäre. Diesen Streich kann man so oft wiederholen, wie man entweder Lust und Laune hat oder bis es einem der „Opfer" zu bunt wird und es sich das Portemonnaie samt Faden schnappt und einsteckt.

No. 2 In jedem steckt ein Hampelmann

Harmlos, aber wirkungvoll ist der Spiegeltrick. Dafür braucht man einen Kompagnon, der sich noch richtig freuen kann. Man sucht dann in der Stadt eine möglichst randlose Schaufensterkante mit Glasscheiben, die bis zum Boden gehen oder eine Spiegelsäule, wie sie manchmal vor Waren- oder Modehäusern zu finden ist. Nun stellt man sich an der Kante auf, und zwar so, daß sich die eine Hälfte des Körpers in der Glashälfte widerspiegelt. Am einfachsten ist es, wenn man genau mit der Nase an der Glaskante steht. Der andere, dem man das Schauspiel vorführen möchte, stellt sich gegenüber auf. Nun sieht man die eine Körperhälfte in natura und die gleiche Körperhälfte noch einmal im Spiegel. Hebt man nun ein Bein und einen Arm der außenstehenden Körperhälfte, so verdoppelt sich die Bewegung im Spiegelbild und was dabei herauskommt, ist ein wunderschöner Hampelmann. Man kann sicher sein, daß es auf einer belebten Straße nicht lange dauert, bis die Leute stehenbleiben, zuschauen und lachen.

No. 3 Das Phantompaket

Jeder Mensch ist neugierig und freut sich, wenn er etwas bekommt. Diese Neugierde kann man mit dem Phantompaket hervorragend an der Nase herumführen. Man besorgt sich einen möglichst großen Pappkarton, packt dort ein paar schwere Steine und etwas Sperrmüll hinein, füllt das Ganze mit etwas zerknülltem Zeitungspapier auf, beschriftet das Paket mit dem Namen des „Opfers" und stellt es ihm vor die Haustür. Ist das Paket dort abgestellt, klingelt man Sturm und verschwindet. Aus dem sicheren Versteck kann man beobachten, wie das „Opfer" neugierig das Paket mustert und es schließlich hinter die Haustüre zerrt. Auf diese Art und Weise läßt sich sperriger Müll und überflüssiger Abfall mit etwas Humor aus dem Hause schaffen.

No. 4 Die Erdanziehung kann ungeheuerlich sein

Für diesen Streich muß man sich zu Hause etwas vorbereiten. Man nehme ein Fünfmarkstück, einen möglichst langen Dachpappenagel mit breitem Kopf, etwas Lötzinn und eine Lötlampe. Dann wird der Dachpappenagel auf das Fünfmarkstück gelötet, und zwar so gründlich und fest, daß er auf keinen Fall von der Münze abgeht. Anstelle des Dachpappenagels funktionieren auch große Holzschrauben mit breitem Kopf. Das so präparierte Fünfmarkstück, an dem der Nagel oder die Schraube unlösbar haftet, nehmen wir dann und marschieren damit in die Stadt. Hier sucht man sich eine sehr belebte Straße mit einem möglichst breiten Bürgersteig. Der Nagel mit dem Fünfmarkstück wird in eine Ritze zwischen zwei Fußwegplatten gedrückt und dann mit dem Fuß richtig festgetreten. Jetzt scheint dort ein Fünfmarkstück zu liegen, und wie schon bei dem Portemonnaietrick sucht man sich ein Versteck, aus dem man die „Opfer" beobachten kann, wie sie mit der vermeintlichen Schwerkraft kämpfen. Es ist erstaunlich, wie viele Leute sich nach solch einem Fünfmarkstück bücken, aber wenn sie glauben beobachtet zu werden, aufgeben und schnell weitergehen. Hat man genug Leute hereingelegt, nimmt man einen Schraubenzieher und holt sich das präparierte Fünfmarkstück wieder. Wer den Spaß noch steigern will, soll sich einen Fotoapparat mitnehmen und die „Opfer" fotografieren. Sollten darunter Bekannte oder Freunde sein, so kann man ihnen später das Foto schenken, was ihnen meist peinlich ist.

No. 5 Krimis gibt es überall

Jeder kennt die Kriminalfilme aus Kino oder Fernsehen, in denen der Kommissar mit nachdenklichem Gesicht vor einer Kreidelinie steht, die die Lage des Opfers zeigt. Mit genau solchen Kreidelinien kann man Nachbarn und Bekannten, aber auch Unbekannten, einen tollen Streich spielen. Man braucht dazu ein Stück Kreide und einen Mitspieler, der bereit ist, sich in dieser typischen Krimiposition kurz auf die Straße zu legen. Dann nimmt man die Kreide und fährt damit blitzschnell um den liegenden Körper herum. Und dann heißt es verschwinden, hinter einer Hausecke, von wo aus man die magische Wirkung dieser Kreidestriche verfolgen kann. Es ist fast unvorstellbar, wie

viele Leute auf diese simplen Kreidestriche reagieren, davor innehalten, erschreckt und neugierig schauen oder verwundert um das Kreidemännchen herumschleichen. Natürlich sorgt so ein vorbelastetes Kreidemännchen für wilde Gerüchte und Spekulationen. Vor allem, wenn es vor dem Haus des Nachbarn auftaucht.

No. 6 Automobiler Anpfiff

Diesen Streich gibt es schon so lange, wie es Automobile gibt. Denn jedes Auto hat einen Auspuff, aus dem mit mehr oder minder großem Druck die Abgase entweichen. Diesen Luftdruck kann man natürlich sinnvoll nützen. Man kauft sich eine Trillerpfeife oder eine normale Pfeife im Spielwarengeschäft, besorgt sich zwei bis drei Flaschenkorken und macht sich auf den Weg zum Auto des „Opfers". Dort muß man Ausschau halten, ob man nicht beobachtet wird.

Ist die Luft rein, verkeilt man blitzschnell die Pfeife mit den Korken im Auspuffrohr und schon kann man sich wieder davonmachen. Aus sicherer Entfernung kann man dann beobachten, wie der stolze Automobilbesitzer kommt, einsteigt und startet und sich sofort ein greller Pfeifton bemerkbar macht. Der Fahrer merkt es natürlich und mustert nachdenklich sein fröhlich pfeifendes Auto. Verständlicherweise kommt er nicht sofort auf den Grund und meist dauert es sogar sehr lange, bis er die Überraschung im Auspuff entdeckt.

No. 7 Das unheimliche Geräusch

Auch dieser Streich geht gegen die geplagten Autofahrer. Man braucht dazu eine leere Konservendose, bei der man auch den Boden entfernt, ein Stück Bindfaden, einen Nagel und einen Hammer. Mit Nagel und Hammer wird in den oberen Rand der Dose ein Loch geschlagen, damit man ein großes Stück Bindfaden dort durchziehen kann, der Bindfaden sollte die Länge von einem halben Meter haben.

Dann geht man mit der Dose ohne Deckel und Boden zum Auto des „Opfers", stülpt hoffentlich unbemerkt die Dose über das Auspuffende und bindet sie mit dem Bindfaden an der ersten Auspuffschelle fest. Die Wirkung ist nicht ohne, denn startet der Fahrer des so präparierten Autos den Motor, macht sich ein lautes Scheppergeräusch am Wagenheck bemerkbar. Technisch unbegabte Fahrer suchen meist eine Werkstatt auf, Menschen mit etwas Fantasie und Humor kommen dem Streich selbst auf die Spur.

No. 8 Mit dem Fremdenführer zum Mond geschickt

Für dieses Spielchen, das man vorzugsweise in größeren Städten und an touristisch interessanten Orten praktiziert, braucht man einen witzigen Zeitgenossen. Mit diesem und einem Taschenbuch, das aussieht wie ein Fremdenführer, geht man entsprechend verkleidet – nämlich als Tourist – an den Ort des Geschehens.
Dort angekommen, erklärt man seinem Kompagnon die unmöglichsten und aberwitzigsten Geschichten über Gebäude, Straßen und Ortsteile. Bei solchen Aktionen gibt es natürlich immer unfreiwillige Zuhörer, die sich dann gerne einmischen, um zu beweisen, daß sie mehr Ahnung haben und daß das Gesagte alles falsch sei. Sind Spieler und Mitspieler besonders hartnäckig, kommt es schnell zu wilden Auseinandersetzungen und heißen Diskussionen.

No. 9 Monsieur Tati läßt grüßen

Tati war nicht nur ein französischer Komiker und Filmemacher, sondern auch ein hervorragender Erfinder guter Streiche. Sein Ampeltrick wurde hundertfach kopiert und in jeder zweiten Gagshow im Fernsehen kann man von neuem darüber lachen. Dabei ist der Streich denkbar einfach. Man nehme zwei Kochtopfdeckel und ziehe damit in die Stadt zu einer Ampel. Wenn die Ampel auf Rot umspringt und die Autos halten, schleicht man sich vorsichtig zum ersten Wagen, tritt einmal kurz und kräftig auf die Stoßstange und schlägt im gleichen Moment die Blechdeckel aneinander. Dann muß man sich sehr schnell zurückziehen. Denn kaum wurde der Fahrer des getretenen Autos einmal kräftig durchgeschüttelt, hat er auch schon das Geräusch wahrgenommen, stürzt aus dem Auto, rennt blindlings zu dem Auto hinter ihm und beschimpft den ahnungslosen Fahrer. Dieser Trick klappt natürlich nicht immer, vor allem, wenn der Fahrer den „Täter" beobachtet hat. Man muß eben mehrfach probieren, um mit diesem Streich Erfolg zu haben. Wichtig ist dabei, daß man diese Geschichte nicht an fahrenden Autos ausprobiert und noch wichtiger, daß man schnell genug wieder von der Fahrbahn verschwindet.

No. 10 Der schafft Spannung

Menschen haben naturgemäß eine gewisse Achtung vor Starkstromkabeln, was wiederum sehr vernünftig ist. Diesen Umstand kann man für den folgenden Kabeltrick sehr gut nutzen. Dieser Streich ist etwas aufwendiger, aber die Arbeit lohnt sich. Als „Opfer" braucht man einen Eigenheimbesitzer, jemanden mit einem Wochenendhaus oder zumindest einem schönen Vorgarten. Dann besorgt man sich einen Kabelrest, ein möglichst dickes Kabel sollte es sein, denn um so größer ist der Eindruck beim „Opfer". Das Kabel wird an einem Ende aufgeschnitten und die „Innereien" werden sternförmig auseinandergebogen. Dann nimmt man einen stabilen Karton oder ein Holzkistchen, das als Gußform für den Fertigmörtel dient. Der Mörtel wird angerührt, das Kabel wird in die Mitte der Gußform gehalten mit dem aufgespleißten Ende nach unten und dann gießt man den angerührten Fertigmörtel in die Kiste. Die Oberfläche wird mit einem Spachtel oder einer Maurerkelle etwas glattgestrichen, und danach muß der Mörtel ein bis zwei Tage austrocknen.
Nun folgt der zweite Schritt im Kabeltrick. Die Gußform wird beseitigt und der Betonklotz mit dem herausragenden

Kabel wird zum „Opfer" geschleppt. Dort kippt man in den Vorgarten z.B. einen Eimer Sand, zieht den Sand etwas auseinander und gräbt den Betonklotz mit dem Kabelende etwas ein. Dabei ist es ja logisch, daß man den Betonklotz in den „Lieblingsblickwinkel" des „Opfers" stellt. Außerdem sollte das „Opfer" zur Tatzeit natürlich nicht zu Hause sein. Steht der Betonklotz, so kann man die „Baustelle" noch mit einem rot-weißen Absperrband sichern oder eine Absperrung aus Dachlatten bauen, damit die ganze Sache sehr professionell erscheint. Jetzt heißt es abwarten, bis das „Opfer" das vermeintliche Erdkabel im Garten entdeckt. Man selbst spielt den harmlosen Nichtwisser, während das arme „Opfer" mit Behörden und Ämtern telefoniert und alle vor dem Berühren des Kabels eindringlich warnt. Es dauert lange, bis der Streich enthüllt wird.

No. 11 Tatis Laternenrempler

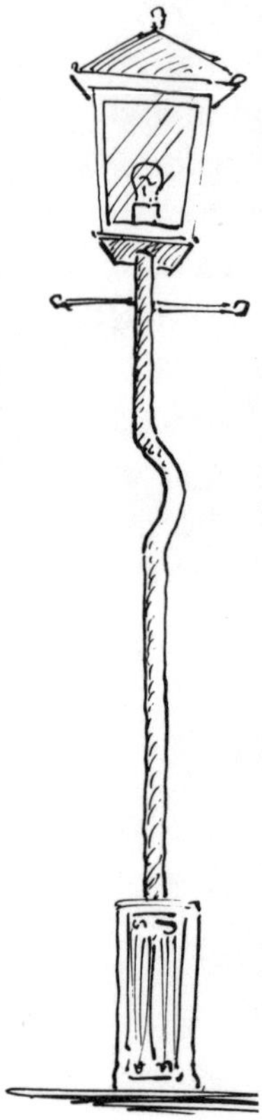

Auch dieser Streich wurde das erste Mal in Tatis Spielfilm „Mein Onkel“ mit Brillanz vorgeführt. Dabei geht es darum, Menschen gegen eine Laterne, gegen eine Parkuhr oder gegen ein Verkehrsschild laufen zu lassen. Man sucht sich eine gut frequentierte Straße mit zwei Bürgersteigen, wobei auf dem einen Bürgersteig das besagte Hindernis stehen muß. Jetzt lauert man auf dem anderen Bürgersteig auf das „Opfer“. Kommt dieses in die Nähe des Verkehrsschildes, der Laterne oder der Parkuhr, kann man es durch Zurufe oder einen Piff hervorragend ablenken, wenn das „Opfer“ ungefähr einen halben Meter vor dem Hindernis ist. Viele Menschen reagieren auf den Pfiff oder das Hallo spontan und drehen dabei den Kopf in die Richtung des Rufers oder Pfeifers. Ja, und die meisten Menschen laufen dann weiter, was zur Folge hat, daß sie mit einem kräftigen „Rumms“ gegen das Hindernis prallen. In Tatis Film spielen diesen Streich ein paar Lausbuben, die auch noch miteinander wetten, wer von den Passanten gegen die Laterne läuft. Es versteht sich von selbst, daß man solche Scherze mit älteren oder behinderten Menschen nicht machen darf.

No. 12 Das Auto ist des Deutschen liebstes Kind

Die meisten Autobesitzer bei uns sind recht stolz auf ihre hochglanzpolierte Blechkarosse, und wehe dem, der es wagt, dem geliebten Auto auch nur das kleinste Kratzerchen zuzufügen. Einen völlig harmlosen Kratzer, den man mit einem weichen Lappen sofort wieder wegwischen kann, trägt man mit einem gutgespitzten weißen Fettstift auf den Lack auf. Dabei geht man am besten mit einem oberharmlosen Gesicht am Auto vorbei und läßt in Hüfthöhe den Fettstift über den Lack gleiten. Nun heißt es, wie so oft, abwarten, bis das „Opfer“ den vermeintlichen Schaden entdeckt. Bevor das „Opfer" auch nur versucht, den vermeintlichen Kratzer wegzuwischen, wird es naturgemäß erst einmal einen Wutanfall bekommen.

No. 13 Eigentlich ein richtiger Quatsch

Ein Streich, der eigentlich kein richtiger Streich ist, aber dennoch viel Spaß macht, vor allem wenn man zu mehreren unterwegs ist, ist der Trick mit den albernen Gangarten. Und der geht ganz einfach: Man geht zu mehreren auf dem Schulhof oder einer Straße und fängt plötzlich an einzuknicken, zu humpeln oder das Bein nachzuziehen. Diese Tatsache verwundert die anderen kurzfristig, und meist müssen sie darüber lachen. Ebenso ist das Humpeln oder ein seltsamer Gang ein guter Trick, um in vollen Wartezimmern, auf Behördenfluren oder in der Straßenbahn einen Sitzplatz zu ergattern. Natürlich sollte man darauf achten, diese Art von Behinderung nicht in Gegenwart wirklich behinderter Menschen zu spielen.

No. 14 Fata Morgana

Ein beliebtes Spielchen auf der Straße ist das Vortäuschen von etwas, was nicht da ist. So bleibt man beispielsweise mit einem Freund auf einer belebten Straße stehen. Dann deutet einer auf irgendeinen Punkt nach oben, auf einem Dach oder an einer Fassade. Beide starren nun mit emporgereckter Nase nach oben. Dabei gestikuliert und spricht man Unverständliches. Es dauert nicht lange, da bleiben die ersten Leute stehen und recken ebenfalls die Nasen und Hälse, um an der vermeintlichen Sensation teilzuhaben. Neugierige Fragen sollte man einfach übergehen, indem man sich intensiv mit dem Partner unterhält. Wenn sich genug Schaulustige versammelt haben, macht man sich heimlich, still und leise aus dem Staub.

No. 15 Das Spiel mit dem Nichts

Auch zu diesem Streich braucht man einen Partner, denn es geht hier darum, jemanden „auszudeuten". Das Ausdeuten ist ein hervorragender Streich für Schulhöfe, Parties und für alle Plätze, wo viele Menschen zusammen sind. Mit einem Partner zusammen sucht man sich ein „Opfer" aus und stellt sich ein paar Meter außerhalb der Hörweite gegenüber auf. Dann beginnt man mit dem Partner ein Gespräch über irgend etwas und deutet immer wieder mit Nachdruck auf das „Opfer" . Dieses wird naturgemäß schon nach kurzem Ausdeuten nervös und fragt dann entweder nach oder ergreift einfach die Flucht. Es ist faszinierend, wie gut dieser Streich funktioniert und wie schnell die Menschen darauf reagieren. Gerade unsichere Zeitgenossen machen sich schnell aus dem Staub.

No. 16 „Hörst Du mein heimliches Klingeln"

Die „Klingeljagd" oder das „Schellenklopfen" ist hinreichend bekannt: Dabei drückt man kräftig auf eine Klingel und macht sich dann schnell aus dem Staub. Viel wirksamer jedoch ist es, wenn man die Klingel nicht nur drückt, sondern auch noch ein Stück Heftpflaster darüberklebt, damit der Klingelknopf unten bleibt. Das geht nicht nur mit Heftpflastern, es funktioniert auch hervorragend mit einem

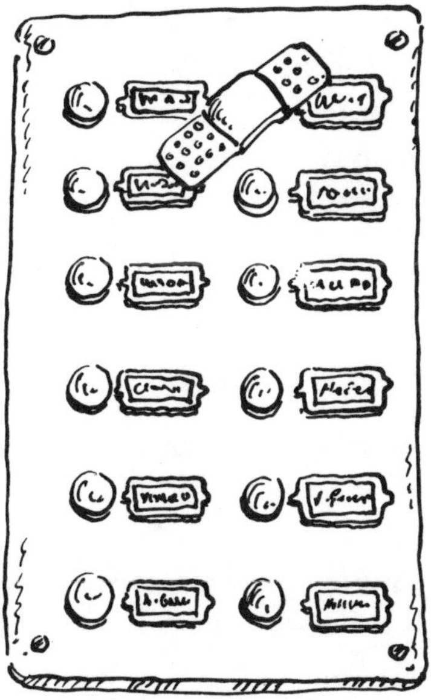

Zahnstocher oder einem abgebrochenen Streichholz, das man zwischen Klingelknopf und Fassung verkeilt. Das arme „Opfer" , bei dem es Sturm läutet, kommt dann aus der Tür geschossen und entdeckt die Ursache hoffentlich bald. Will man seinen Spaß haben, dann sollte man die ganze Geschichte aus einem sicheren Versteck beobachten.

No. 17 Amerikanische Hochzeitsglocken

Dieser Streich ist wieder einmal ein alter Bekannter aus dem Kino. Hierbei geht es um die berühmten Blechdosen, die auf einen Bindfaden aufgezogen werden und dann die

Stoßstange des Autos zieren. Der Streich ist denkbar einfach, man braucht ein paar leere Konservendosen, einen Nagel, einen Hammer und vier bis fünf Meter Bindfaden. Mit Nagel und Hammer macht man Löcher in die Böden der Dosen und zieht sie dann auf den Bindfaden auf. Damit die Dosen den richtigen Abstand haben, macht man alle vierzig bis fünfzig Zentimeter einen Knoten in den Bindfaden. Jetzt schleicht man sich hoffentlich unbemerkt zum Auto des „Opfers" und knotet ihm das eine Ende des Fadens an die Stoßstange. Die aufgereihten Dosen legt man ihm fein säuberlich unter das Auto, und zwar so, daß man sie nicht sofort erblickt. Erst wenn das „Opfer" losfährt, entdeckt es ein völlig neues Fahrgeräusch.

No. 18 Diese Töne sind nicht von dieser Welt

Die Teufelsgeige, als solche schon manchem bekannt, ist denkbar einfach zu bauen. Man braucht eine relativ rauhe Schnur dazu, wenn möglich, eine Kunststoffschnur, einen stabilen Plastiksaughaken und ein Stück Holz. Nun begibt man sich zum Fenster des „Opfers", klebt den Saughaken möglichst auf die Mitte des Fensters, befestigt die Schnur daran und zieht die Schnur stramm. Dann fährt man über das gespannte Seil mit dem Stück Holz. Je rauher Seil und Holz sind, desto kräftiger werden die Töne. Die Schwingungen, die in dem Seil entstehen, werden auf das Fenster übertragen, wobei die Glasscheibe mit dem Fenster einen guten Resonanzboden darstellt. Für das „Opfer" im Zimmer gibt es dann zur Überraschung ein paar Töne, die sich eher außerirdisch anhören.

No. 19 Jetzt kommt die Stimmungsgabel

Daß man mit einer Stimmgabel noch viel mehr machen kann, als die meisten Leute annehmen, ist durchaus denkbar. So kann man die gute alte Stimmgabel hervorragend für eine Geisterstunde nutzen. Man besorgt sich für ein paar Mark in einer Musikalienhandlung eine solche Stimmgabel und macht sich auf den Weg zum Haus des „Opfers". Dort schlägt man die Stimmgabel kurz an einem Holz an und hält sie fest mit ihrem Fuß an die Fensterscheibe. Wie bei der Teufelsgeige übertragen sich die Schwingungen der Stimmgabel auf die Scheibe und pro-

duzieren einen abenteuerlichen Ton. Dieses Späßchen kann man so oft wiederholen, bis das wutschnaubende „Opfer" aufscheint und man selbst samt Stimmgabel die Flucht ergreift.

No. 20 Was dem Auto recht ist, ist dem Haus billig

Die Blechdosen, die man dem geplagten Autobesitzer an die Stoßstange bindet, eignen sich ebenfalls bestens für Hausbewohner. Dabei reicht es, wenn man nur eine Blechdose auf einen ca. einen Meter langen Faden zieht. Der Faden mit der daranhängenden Dose wird dann mit einer Heftzwecke am Fensterrahmen befestigt, so daß die Dose locker herunterhängt. Um die gewünschte Wirkung zu erzielen, braucht man ein windiges Eckchen, das heißt die Nord- oder Westseite eines Hauses je nach Windrichtung. Ist die Tat vollbracht, macht man sich aus dem Staub und den Rest erledigt der Wind, der die Blechdose über die Fassade treibt.

No. 21 Das ist ja zum Heulen

Die Heulboje ist gerade Küstenbewohnern eine ganz vertraute Einrichtung. Aber auch jeder, der einmal am Meer Ferien verbracht hat, oder mit einem Dampfer gefahren ist, kennt die Heulboje. Daß man eine solche Heulboje mit einem etwas anderen Mechanismus auch prima für Vorgärten, Balkone und Hinterhöfe nutzen kann, zeigt der folgende Streich. Dazu braucht man einen Stock, eine leere Weinflasche, ein Stück Bindfaden und Klebestreifen. Den Stock steckt man an einen möglichst zugigen Ort, das heißt, der Standort für unsere Heulboje muß alles andere als windgeschützt sein. Dann wird die Flasche senkrecht an dem oberen Ende des Stocks angebracht. Damit die Flasche gut sitzt, nimmt man den Klebestreifen und den Bindfaden zu Hilfe. Die Öffnung der Flasche muß gerade nach oben zeigen, und wenn alles in die richtige Position gebracht ist, heißt es nur noch auf den richtigen Wind warten. Kommt dieser, produziert die Flasche ganz von selbst einen schönen, gemeinen Heulton. Übrigens ist

diese Geschichte den Leuten vom Bau schon lange bekannt. Die Maurer machen es schon seit Jahrhunderten: Wenn der Hausbauer sehr knausrig mit den Getränken ist, dann wird eine leere Flasche in den oberen Rand des Schornsteins eingemauert, wo sie ähnliche Töne wie bei unserer Heulboje produziert.

No. 22 Und ewig pfeift die Pfeife

Dieser Streich ist verwandt mit dem Heulbojentrick, nur hat man es hier nicht mit einer Flasche, sondern mit einer Pfeife zu tun. Man besorgt sich eine einfache Plastikpfeife in einem Spielwarengeschäft, bastelt aus einem stabilen Karton einen großen Trichter, dessen kleine Öffnung so groß ist, daß man dort die Pfeife mit einem Stück Klebeband fest montieren kann. Nun wird der Trichter samt Pfeife mit ein paar Heftzwecken an einem Stock oder am Gartenzaun befestigt, und zwar so, daß die große Öffnung des Trichters in Windrichtung zeigt. Kommt das erste laue Lüftchen an, nimmt die Pfeife ihre Arbeit auf. Und sie pfeift so lange, bis das genervte „Opfer" den Streich entdeckt.

No. 23 Die Stolperfalle

Alte Gummibänder aus Unterhosen und Unterröcken sollte man nicht wegwerfen. Knotet man sie zusammen, ergeben sie eine prima Stolperfalle. So kann man alte Gummibänder zum Beispiel prima vor Haustüren oder Gartentüren anbringen. Dabei sollte man beachten, daß das Gummiband locker gespannt ist und mindestens einen Meter über dem Boden, damit das arme „Opfer" sich nur erschreckt und nicht ernsthaft auf die Nase fällt.

No. 24 Alles Gute kommt von oben

Dieser Streich ist ideal für die Sommerzeit. Man braucht dazu einen Plastikeimer, einen Bindfaden, einen Nagel und fünf bis sechs Liter Wasser. Den wassergefüllten Plastikeimer stellt man auf die Oberkante einer schwach geöffneten Tür, so daß der Eimer mit dem Wasser dort oben gut steht. An die Henkel des Eimers bindet man den Bindfaden, dessen anderes Ende an einem darüber angebrachten Nagel festgebunden wird. Der Bindfaden soll verhindern, daß dem „Opfer" neben dem Wasser auch noch der Eimer auf den Kopf fällt. Nun heißt es warten, bis das „Opfer“ durch die besagte Tür tritt und sein nasses Wunder erlebt.

No. 25 Nasse Magie

Auch bei diesem Streich wird es feucht. Man nimmt eine Plastikschüssel, füllt sie mit Wasser. Dann braucht man einen Besen und einen Stuhl. Man steigt auf den Stuhl, drückt die wassergefüllte Schüssel unter die Decke, am besten mit einer Hand. Mit der freien Hand drückt man den Besen unter die Schüssel und hält sie so unter der Decke fest. Dann steigt man langsam vom Stuhl und hält weiter die Schüssel unter der Decke gut fest. Den Stuhl stößt man zur Seite, außer Reichweite, und hält weiter die Schüssel.

Dann ruft man das „Opfer", das ganz schnell kommen soll, denn man „müsse mal" oder ähnliches. Das „Opfer" übernimmt hilfsbereit den Besen mit der Schüssel unter der Decke und glaubt immer noch an das Gute im Menschen. Bis es zu langweilig wird. Dann versucht es, die Schüssel von der Decke herunterzuholen. Und das geht in den meisten Fällen schief, was einen feuchten Ausgang für das „Opfer" befürchten läßt.

No. 26 Verräterische Düfte

Parfümierte Autos sind etwas ganz Besonderes und bestimmt keine wahre Freude für den Fahrzeugbesitzer. Der Streich ist gemein und sehr wirksam. Man ersteht in einem Warenhaus ein möglichst billiges, penetrant riechendes Parfüm, vielleicht gibt es so etwas auch zu Hause, und schreitet mit dem Fläschchen zur Tat. Fast jedes Auto hat vorne kurz vor der Frontscheibe einen Lüftungsrost. Dort schüttet man das wohlriechende Etwas hinein, aber bitte nicht zuviel! Der Rest geht wie von selbst. Und das „Opfer" sitzt schon nach kurzer Fahrt in einer unbeschreiblichen Duftwolke.

No. 27 Die gemeine Duftspritze

Mit einer alten Einwegspritze (ohne Nadel) oder einer Wasserpistole lassen sich tolle Duftwolken auf den Weg schicken. Man füllt dazu die Spritze oder Wasserpistole mit Wasser und reichlich billigem Parfüm, schüttelt das Ganze gut durch und macht sich dann auf den Weg, das „Opfer" zu suchen. Ein schneller Schuß auf den Mantel, das Sakko oder den Rock wirkt wahre Wunder. Das Parfüm-Wasser-Gemisch sollte nur auf die Kleidung gespritzt werden, nicht auf die Haut oder in die Augen, denn in Parfüms ist Alkohol als Lösungsmittel enthalten, und das brennt in den Augen.

Außerdem lassen sich mit diesem Trick auch gut Fußmatten, Vorhänge und Markisen in wahre Duftwolken verwandeln. Wenn man den harmloseren Weg gehen will, reichen auch ein Stück Stoff oder etwas Watte als Duftträger, den man dann unbemerkt dem „Opfer" zustecken kann. Achtung: Es gibt Stoffe, die Wasser und Parfüm nicht vertragen. Das „Opfer" könnte eventuell richtig sauer werden, dann müßte man für den Schaden aufkommen.

No. 28 „Kennen Sie den?"

Ein einfacher Trick, Mitmenschen zum Grübeln zu bringen, ist der unvermittelte Gruß. Man grüßt überschwenglich und freundlich alle möglichen Menschen, die auf der Straße entgegenkommen, und geht dabei natürlich zügig weiter. Und bevor der Gegrüßte in irgendeiner Form reagieren kann, ist man selbst schon zu weit weg. Was dann dort zurückbleibt, ist ein Mensch, der sich einige Male fragen wird: „Wer war das bloß, kenn ich den, so was Blödes!"

No. 29 Das gibt's doch gar nicht

Dieser uralte Schülerstreich gehört zu dem Repertoire des modernen Streichemachers. Es ist ein Gag für zwei Personen, die beide etwas pantomimisches Geschick haben müssen. Man bespricht sich vorher, welche scheinbaren Hindernisse man den anderen Menschen in den Weg tragen möchte. So kann man zum Beispiel eine Scheibe tragen, die es gar nicht gibt. Auf der Straße über eine Stufe steigen, die nicht vorhanden ist. Oder sich auf einen Stuhl setzen, der gar nicht dort steht. Diese pantomimischen Geschichten funktionieren immer wieder gut, wenn es darum geht, Mitmenschen ganz harmlos hereinzulegen. Ein zusätzlicher Spaß ist es noch, wenn man mit seinem

Mitspieler vorher über diese oder jene Pantomime eine Wette abschließt, ob die Leute darauf hereinfallen oder nicht.

No. 30 In Treue verbunden

Vor jedem Supermarkt gibt es viele Einkaufswagen, und gerade an Samstagen oder am Spätnachmittag haben es dort die meisten Menschen eilig. Wenn man dann am frühen Nachmittag zum Beispiel mit einer dünnen Perlonschnur möglichst viele der Einkaufswagen miteinander verbindet, ist es für den hastigen Einkäufer ein echtes Verwirrspiel. Die Wagen müssen so aneinandergehängt sein, daß der Abstand ca. zwei Meter beträgt. Was dann noch bleibt, ist aus gebührender Entfernung die entstandene Verwirrung zu genießen. Und wie bei all diesen Geschichten, ist es natürlich wichtig, sich nicht erwischen zu lassen.

No. 31 Die falsche Person

Für diesen Streich braucht man etwas schauspielerisches Talent, eine gut sortierte Verkleidungskiste und eine gute Portion Mut. Mit diesen Voraussetzungen kann man im Bekannten- und Freundeskreis lustige Verwirrung stiften. Man besucht einfach mal gute Freunde in der Rolle des lästigen Hausierers oder des Stromablesers, oder als Kurzwarenhändler verkleidet mit einem Koffer voll Nähgarn, Rasierklingen und Gummibändern. Vor einem solchen Besuch sollte man die Lebensgewohnheiten seines „Opfers" etwas studieren, um dann in der richtigen Rolle auftreten zu können. Klappt die Komödie, und man wird nicht erkannt, dann kann man später seine „Opfer" herrlich auf die Schippe nehmen.

Schulstreiche

... die den Lehrern wahre Freude bereiten

Dieses ist nun das ernsteste Kapitel des ganzen Buches. Lehrer werden mit besorgten Blicken die folgenden Seiten mustern und hoffen, daß das, was dort vorgestellt wird, nie an sie herankommt. Dennoch sind Schulstreiche besonders wichtig, denn sie mindern den Schülerstreß; gute Streiche lockern den Unterricht auf, und wenn es gelingt, mal einen Lehrer zum Lachen zu bringen, ist das nicht von Nachteil. Oft hat man den Eindruck, daß heute in der Schule viel weniger Streiche gemacht werden, doch sollte sich das in naher Zukunft ändern. Schulstreiche sollte man mit Humor machen und nehmen und sich nicht vom Leistungsdruck, dem vielverhaßten, einschüchtern lassen.

No. 1 Sportlich geht es los

Wenn die eigenen zwei Schuhe nicht nebeneinanderstehen, schafft das bei den meisten Menschen Verwirrung. Wenn aber dann aus vielen Turnschuhpaaren schöne, buntgemischte Girlanden werden, dann gibt es erst einmal ein Chaos. Also muß man an dem Tag, an dem der Sportunterricht stattfinden soll, in der Pause schnell zur Tat schreiten.

Man spürt alle erreichbaren Turnschuhe auf, mischt sie gut und knotet sie dann in bunter Reihenfolge zu einer hübschen bunten Kette. Diese so geschaffene Girlande kann man noch im Klassenzimmer aufhängen, bevor man schnell das Weite sucht und findet. Eines sollte man nicht vergessen: Die eigenen Turnschuhe müssen mit in der Girlande sein, denn sonst kommt zu schnell heraus, wer hier am Werk war.

No. 2 Ein ganz zauberhafter Duft

Einen alten Camembert, Limburger oder Harzerkäse findet man schon hin und wieder im heimischen Kühlschrank. Es muß auch gar kein ganzer Käse sein, es reicht auch ein Stück. Dieser Käse sollte, besser muß, schon etwas älter sein, damit er diesen kräftigen, zauberhaften Duft entwikkelt.

Das Käsestück verpackt man am Morgen gut und fest in einer Alufolie und transportiert es in der Schultasche. Dort

wird das stark duftende Teil wieder ausgepackt und zum Beispiel hinter die Heizung gesteckt oder auf einen Schrank gelegt. An seinem neuen Standort entwickelt das Käsestück schon bald einen strengen und eher gemeinen Geruch. Manchmal dauert es aber auch drei bis vier Tage, bis das ganze Aroma das Klassenzimmer erfüllt. Während der Heizsaison im Winter geht es natürlich viel schneller.

Und noch ein Tip: Man selbst sollte nicht zu dicht an der neuen Duftquelle sitzen.

No. 3 Die Opas lassen grüßen

Über diesen Streich haben unsere Großväter schon gelacht. Denn viel Freude bereitet es, wenn der Lehrer etwas an die Tafel schreibt und es verschwindet gleich wieder. Der Grund dafür ist schlichte Schmierseife. Sie wird zur Hälfte mit Wasser gemischt und dann mit dem Schwamm aufgetragen. Das Ganze muß in der Pause möglichst unbemerkt geschehen, und zwar so zeitig, daß es noch trocknet. Durch die Schmierseife wird die Tafel spiegelglatt, und die Kreide haftet nicht mehr. Sollte man erwischt werden, dann muß man die Tafel mit sehr viel Wasser von der Schmiere befreien. Also, die Sache ist mit Vorsicht zu genießen, auch wenn unsere Väter, Großväter und Urgroßväter diesen Streich schon mit Erfolg praktiziert haben. Die gleiche Geschichte kann man auch mit Salatöl machen. Aber das Öl läßt sich nur ganz schwer mit viel Spülmittel wieder von der Tafel waschen. Und das ist eine Riesensauerei. Also, von Salatöl ist abzuraten!

No. 4 Hier geht es um unverrückbare Tatsachen

Auch Lehrer sind Gewohnheitstiere. Wenn sie nicht jeden Tag ihren Tisch und ihren Stuhl an der gleichen Stelle wiederfinden, zeigen sie sich zutiefst beunruhigt. Wenn aber Tisch und Stuhl dann noch am falschen Ort unverrückbar haften, wird selbst so ein Lehrer nachdenklich. Für diesen Streich braucht man das bewährte Teppichklebeband und eine Schere. Dann werden Stuhl und Lehrertisch an die falsche Stelle getragen und dort mit dem Teppichklebeband gut festgeklebt. Für den Stuhl braucht man vier kleine Stückchen unter den Beinen und für den Tisch reichen meist zwei Stückchen. Man klebt erst das Teppichklebeband auf die Stuhl- oder Tischbeine, zieht dann die Folie ab und drückt den Stuhl oder Tisch kräftig auf den Boden. Schon sind unverrückbare Tatsachen geschaffen, die den

Lehrer erst einmal einige wertvolle Unterrichtsminuten kosten. Denn auch bei diesem Streich gilt es, daß man fast alles tun darf, außer sich erwischen zu lassen.

No. 5 Vom tapferen Schneiderlein

Die Mäntel und Jacken von Mitschülern sind nach wie vor gute Objekte für jede Art von Streichen. Mit etwas Nähgarn und einer flinken Nadel kann man in aller Ruhe während der Unterrichtszeit zur Tat schreiten. Man bittet den Lehrer höflich, austreten zu dürfen, was meistens erlaubt wird, verläßt dann die Klasse, um sich auf dem Flur an die Arbeit zu machen. Hier kann man zum Beispiel die Ärmel von Jacken zunähen, Taschen zunähen, Jacken und Mäntel aneinandernähen und vieles mehr. Wichtig ist beim Ärmelzunähen, daß man den Jackenärmel kurz auf links dreht und dann im Futter zusammennäht. So wird der Überraschungseffekt größer. Für diese schneiderischen Tätigkeiten darf man nicht zu lange brauchen und sich auch nicht entdecken lassen.

No. 6 Für ein farbiges Dasein

Pulverfarben, wie sie noch in vielen Malergeschäften erhältlich sind, ergeben zusammen mit einer preiswerten Handcreme eine stark färbende Masse. Diese Farbmasse läßt sich zum Beispiel auf Unterseiten von Türklinken auftragen, auf Tischkanten oder Fenstergriffe. Faßt das „Opfer" einen so präparierten Gegenstand an, ist ihm das farbige Händchen sicher. Ein weiterer Trick mit Pulverfarbe ist der, daß man die Farbe so nimmt, wie sie ist und mit einem Zerstäuber oder einer Puderdose auf Tische und Stühle verteilt. Was wiederum Hände, Ärmel und Hosenböden bunt gestaltet.

No. 7 Hatschi!

Das gute alte Niespulver ist aus dem Schulbetrieb nicht wegzudenken. Seit Generationen wird es erfolgreich eingesetzt. Niespulver zum Beispiel in Bücher eingestreut oder auch im Klassenbuch, auf Tischen und auf Fensterbänken sorgt für eine kräftige Nieserei. Auch wenn man die Brustseite von Anoraks und Jacken präpariert, ebenso Schals und Mützen, haben die „Opfer" einiges zu niesen.

In der Turnstunde kann man das Niespulver auf den Matten fürs Bodenturnen verteilen oder in die Talkumdose für die Reck- und Barrenturner tun. Die vielseitige Verwendung von Niespulver bringt herrliche Störungen für den Unterricht und die Wirkung bleibt garantiert nicht aus.

No. 8 Bilder einmal anders

In den meisten Schulfluren und Klassenzimmern hängen irgendwelche langweiligen Bilder. Dieser Tatsache kann man abhelfen, wenn man aus Illustrierten und Magazinen seltsame Fotos und lustige Bilder heraustrennt, um sie dann mit etwas Tesafilm auf die vorhandenen Schulbilder zu kleben. Oder – falls es Wechselrahmen sind – austauscht. Mehr Verwirrung stiften allerdings seltsame Kollagen oder zum Beispiel große Schwarzweißabzüge von heimlich fotografierten Lehrern. Je seltsamer das Bild anmutet, desto größer ist die Verwirrung. Auch Schullandkarten lassen sich mit abenteuerlichen Aufklebern und falschen Ortsnamen viel unterhaltsamer gestalten.

No. 9 Der Griff ins Ungewisse

Bei Streichen geht es immer wieder darum, daß das eintritt, was man nicht erwartet. So schaffen zum Beispiel loses

Sauerkraut oder Fertigpudding ohne Packung in der Schultasche einige Verwirrung. Auch, wenn man unter der Bank auf den Büchern ein paar kalte Spaghetti findet, löst das beim „Opfer" Erstaunen und Befremden aus.

No. 10 Ein Trick für Schaumschläger

Für die Abwechslung in den Schultoiletten empfiehlt sich folgendes: Man öffnet vorsichtig den Deckel des Spülkastens und füllt etwas mitgebrachtes Waschpulver ein. Dann schließt man den Deckel wieder und verläßt die Toilette so, als ob nichts gewesen wäre. Schon für den Nächsten ist die Überraschung fatal. Der Schaum quillt aus den Ritzen des Spülkastens und steigt langsam in der Toilette hoch.

No. 11 Für alle, die nicht ganz dicht sind

Manche Türen sind ja wirklich nicht ganz dicht, und wer behauptet denn, daß man solche Türen zum einen nicht dichten kann und zum anderen immer einen Schlüssel braucht, um eine solche Tür zu verschließen. In solchen Fällen helfen der berühmte doppelseitige Klebestreifen oder das Teppichklebeband. In einem unbeobachteten Moment öffnet man die Tür und klebt das Klebeband in den Türrahmen hinein. Dann wird die Deckfolie abgezogen und die Tür kräftig zugedrückt. Nun heißt es ein paar Minuten warten, um dann zu prüfen, ob der gewünschte Klebeerfolg eingetreten ist. Hat man sauber gearbeitet, ist die Tür absolut dicht und kann auch nicht mehr so schnell geöffnet werden.

No. 12 Die falsche Post

Mit diesen Geschichten nähert man sich schon der Fälschung und dem Betrug. Doch witzig gemacht, ist es ein guter Streich. Die Rede ist vom fingierten Rundschreiben. Man nimmt ein altes Rundschreiben als Vorlage und baut die Fälschung mit Hilfe eines Fotokopierers entsprechend auf. Das Rundschreiben sollte Unsinnigkeiten enthalten, die den Unterricht durcheinanderbringen. Themen dazu wären z. B.: „Großer Cola-Geschmackstest für alle achten und neunten Klassen in der vierten Stunde auf dem Pausenhof." Oder: „Alle Schüler mit roten Pullovern haben heute ab der dritten Stunde frei." So kann man der Fantasie freien Lauf lassen, nur sollten die Rundschreiben fehlerfrei sein und der Sprache der offiziellen Rundschreiben angepaßt. Und wie bringt man sie in Umlauf? Ganz einfach: Vor dem Unterrichtsbeginn unbemerkt in die Klassenzimmer legen, ans Schwarze Brett hängen und – so tun, als ob man keine Ahnung hätte.

No. 13 Allerhand Kleinigkeiten für den Schulgebrauch

Kleine Streiche, Tricks und Gags lockern ja manchmal den Unterricht auf. Mit etwas schauspielerischem Talent und einer guten Portion Hartnäckigkeit kann man zum Beispiel auch mal als Junge im Schottenrock kommen und behaupten, es sei heute schottischer Nationalfeiertag und die Großmutter sei Schottin. Auch ein Draculagebiß aus Kunststoff zu tragen und dann zu behaupten, der Zahnarzt habe Quatsch gemacht, wirkt manchmal ungemein. Ebenso jede Art von Schminken und Verkleiden.

Bürostreiche

... damit im Büro wieder gelacht wird

Gute und lustige Streiche lockern erfahrungsgemäß den Arbeitsalltag auf und verbessern so entscheidend das Betriebsklima. Denn hat man im Büro etwas zu lachen, erträgt man die Arbeit schon viel leichter. Kleine und große Bürospäße gibt es viele, man muß sich nur die lieben Chefs und Kollegen einmal genau ansehen und schon kommt man auf Ideen. In so einem Büro gibt es viele Geräte wie zum Beispiel Schreibmaschinen, Telefone, Stühle und Schreibtische. Typisch für jedes Büro ist allerdings das Telefon. Dazu einige Beispiele:

No. 1 Das ewige Klingeln

Dies ist wohl der beliebteste und auch älteste Telefonstreich, den es schon seit Jahrzehnten in fast allen Büros gibt. Man nimmt einfach den Hörer ab, klebt ein Stück Tesafilm über die Gabel, so daß sie nicht hochspringen

kann und legt den Hörer wieder auf. Wenn es dann ernst wird und der erste Anrufer am anderen Ende lauert, fragt sich der verdutzte Kollege, warum das Telefon immer noch klingelt, obwohl er schon längst abgenommen hat. Nach kurzer Zeit kommt er auf den Trick und entfernt das Stückchen Tesafilm. Und vielleicht quittiert er es mit einem leichten Schmunzeln.

No. 2 Wenn zwei das gleiche tun

Dazu braucht man zwei Telefone im gleichen Büroraum. Ein Mitarbeiter und sein Gegenüber suchen zwei Kollegen aus, möglichst solche, von denen sie vielleicht wissen, daß sie sich nicht leiden können. Jetzt wählt man gleichzeitig beide an, bis auf die letzte Ziffer. Diese Ziffer wählen beide gemeinsam, synchron. Nun die Hörer verkehrt aneinanderhalten, Hörmuschel und Sprechmuschel, und warten, was da kommt. Leicht entsteht ein heftiger Disput, wer wen wieso eigentlich angerufen habe.

No. 3 Nichts als die Wahrheit, zumindest die halbe

Den gibt es immer und immer wieder, den lästigen Anrufer. Wer so einen an der Strippe hat, sollte so tun, als ob er nichts verstehe, und dies mit viel „Hallo!", „Wer ist da?", „Versteh' nicht!", „Witzbold!" untermalen und auflegen. In ähnlicher Weise läßt sich der andere auch zum Schreihals machen. Sie sagen nur „Wie bitte? – Könnten Sie etwas lauter reden!" – „Wie bitte?" – „Was sagten Sie?" – „Ich habe nicht verstanden!" Schon drei oder vier solcher Aufforderungen steigern das Stimmvolumen des Gesprächspartners ungemein.

No. 4 Man müßte einmal fleißiger Handwerker sein

Man nehme eine gute Portion schauspielerisches Talent, einen grauen oder blauen Arbeitskittel, ein paar Kugelschreiber, einen Schraubenzieher, eine dunkle Brille und etwas Pomade. Dann verwandelt man sich mit Hilfe dieser Requisiten in einen Bilderbuch-Handwerker. Gestylt mit Kittel, Kulis und Pomade stürzt man in das Zimmer eines Kollegen, redet unverständlich ohne Unterlaß auf diesen ein und beginne sofort, das Zimmer in ein Chaos zu verwandeln. Man räumt Stühle zur Seite, verrückt Tische, bewegt Regale und Schränke, macht kurzum das Tohuwabohu perfekt. Dann tritt man, Unverständliches murmelnd, den Rückzug an und verschwindet.

No. 5 Die Geisterstühle sind unterwegs

Dieser Streich funktioniert am besten in einem Großraumbüro. Man nehme einen Stuhl und befestige eine dünne Schnur so daran, daß man ihn ziehen kann. Die Schnur wird am Boden verlegt, am besten um das Bein des eigenen Schreibtisches. Dann setzt man sich arbeitsam dort nieder. Wenn ein Kollege durch das Büro geht, zieht man möglichst unauffällig an der Schnur. Der Stuhl bewegt sich dann wie von Geisterhand. Aber immer nur kleine Stückchen ziehen. Das wirkt besser, und außerdem kann sich das Opfer nicht etwa danebensetzen. Der gleiche Trick funktioniert auch mit Papierkörben oder Blumentöpfen.

No. 6 Schenken und Verwirrung stiften

Mit einem netten Geschenk kann man immer Freude machen. Auch wenn man das anonym tut. Packt man aber das Falsche ein, gibt es eine Menge Ärger. So verpackt man liebevoll für einen männlichen Kollegen einen billigen Damenslip in einen Umschlag mit einem eindeutigen Kärtchen, wie z. B.: „Zur Erinnerung an einen schönen Abend!" Und legt den Umschlag mit delikatem Inhalt unbemerkt auf den Schreibtisch. Nun heißt es abwarten und beobachten. Damen erfreut man mit besonders billigem Parfüm oder schlechtem Konfekt. Alle Dinge aus dem Intimbereich lösen bei den Kollegen, anonym überreicht, meist Panik aus. Und nicht selten gibt es richtigen Ärger, wenn man so gefüllte Päckchen unbemerkt in dem Aktenkoffer des „Opfers" verstaut.

No. 7 Nicht jeder Hinweis stimmt

Möchte man den lieben Kollegen im Büro mal ihr zweitliebstes Spielzeug nehmen, den Fotokopierer, dann geht das ganz einfach: Man schreibt auf ein weißes Blatt in großen Buchstaben das kleine Wörtchen „defekt" und klebt es auf den nächsten Fotokopierer, und schon wird man feststellen, daß sich die meisten leise fluchend an diesen Hinweis halten. Es dauert meist lange, bis der erste darauf kommt, daß die Störung allein auf dem Zettel existiert.

No. 8 Manche Türen gehen anders auf

Diesen Streich sollte man nur mit jungen und sportlichen Mitarbeitern in einer Firma spielen. Auch darf das „Opfer" kein schwaches Herz haben und die Sache nicht zu ernst nehmen. Der Türtrick geht ganz einfach: Vorausgesetzt, man hat eine Bürotür, die nur aus Holz oder Kunststoff ist und keine Glasscheibe beinhaltet. Aus Gründen der Fairneß sollte sie auch nicht zu schwer sein. Eine solche Tür ist dann auch kinderleicht auszuhängen und wird ohne großen Aufwand wieder in den Türrahmen zurückgestellt. Der nächste, der dann das Zimmer betritt, fällt im wahrsten Sinne des Wortes mit der Tür ins Haus. Man sollte schon darauf achten, daß er nicht zu tief fällt. Am besten stellt man sich hinter der Tür auf, um Gast samt Tür auffangen zu können.

No. 9 Wie man beim Formulieren unschlagbar wird

Mit Pseudofremdwörtern kann man die lieben Kollegen nach wie vor gut reinlegen. Dazu hier ein kleiner Beitrag: Jahrelang hat sich Philip Broughton, Beamter im US-Geheimdienst, durch das etymologische Dickicht gekämpft, bis er auf eine bombensichere Methode stieß, Frustration in Befriedigung (formuliermäßig) zu verwandeln. Das „automatische Schnellformuliersystem" stützt sich auf eine Liste von dreißig sorgfältig ausgesuchten Schlüsselwörtern:

Spalte 1

0. konzentrierte	0. Führungs-	0. struktur
1. integrierte	1. Organisations-	1. flexibilität
2. permanente	2. Identifikations-	2. ebene
3. systematisierte	3. Drittgenerations-	3. tendenz
4. progressive	4. Koalitions-	4. programmierung
5. funktionelle	5. Fluktuations-	5. konzeption
6. orientierte	6. Übergangs-	6. phase
7. synchrone	7. Wachstums-	7. dynamik
8. qualifizierte	8. Aktions-	8. problematik
9. ambivalente	9. Interpretations-	9. kontingenz

Die Handhabung ist einfach. Denken Sie sich eine beliebte dreistellige Zahl und suchen Sie die entsprechenden Wörter in jeder Spalte auf. Die Nummer 257 zum Beispiel ergibt „permanente Fluktuationsdynamik", ein Ausdruck der praktisch jedem Bericht eine entscheidende, von Fachwissen geprägte Autorität verleiht. „Keiner wird im entferntesten wissen, wovon Sie reden", sagt Broughton. „Aber entscheidend ist, daß niemand wagen wird, es zuzugeben."

No. 10 **Weiße Fäden bringen Glück**

Dieser kleine Fadentrick ist ideal, um stets hilfsbereite Mitarbeiter hereinzulegen. Man nimmt einfach eine Rolle mit hellem Nähgarn, fädelt den Anfang der Rolle durch eine Nadel, zieht den Faden durch die Jacke und läßt die Rolle einfach in der Innentasche verschwinden. Die Nadel wird wieder entfernt und zurück bleibt nur gut sichtbar ein kurzer weißer Faden.

Der nächste besorgte Mitarbeiter weist auf den Bekleidungsfehler hin, man stutzt kurz, tut so, als sehe man nichts, und schon versucht der andere, den Faden zu entfernen. Er zieht und zieht und wenn er irgendwann schon ein ganzes Knäuel in der Hand hält, wird er fassungslos vor einem stehen. Hat er Humor, kann er lächeln.

No. 11 **Wir wollen niemals auseinander gehen**

In den meisten Büros gibt es Papierscheren, diese liegen manchmal auch unbewacht herum, so daß man den lieben Kollegen besagte Papierschere auf wundersame Art und Weise präparieren kann.

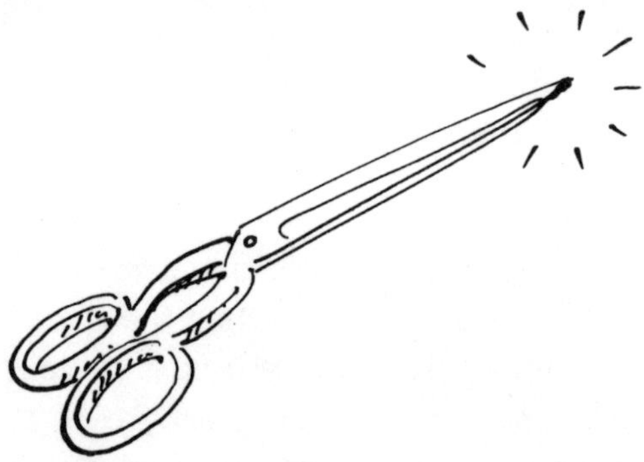

Man gebe ein paar Tropfen Uhu auf die Spitzen besagter Schere und schließe sie dann wieder. Schon nach ein paar Minuten ist der Klebstoff getrocknet und die so entschärfte Schere verweigert treu und brav den Dienst. Den gleichen

Trick kann man auch mit einem dünnen Fädchen machen, indem man die Schere am Griff kurzentschlossen zusammenbindet.

No. 12 „Was soll denn das?"

Botschaften und Benachrichtigungen im Büro sind eine kolossal wichtige Sache, die man sich prima zunutze machen kann. Man nehme einen büroüblichen Notizzettel oder auch ein Mitteilungsblatt, schreibe darauf in einer unleserlichen Fantasieschrift irgendwelche unlesbaren Notizen, doch sollten ein oder zwei Worte dennoch zu entziffern sein und die könnten zum Beispiel heißen: „Wichtig" oder „Termin" oder irgendeine Telefonnummer, im Zweifelsfall die vom Pförtner. Ein solcher Phantomzettel schafft große Unruhe und beschäftigt manche Kollegen über Stunden.

No. 13 So ein dufter Hut

Den Streich mit dem alten Käse haben wir bereits bei den Schulstreichen abgehandelt. Natürlich eignet sich ein alter Käse auch zur Verbesserung des Büroklimas, doch gibt es auch noch einen anderen Käsestreich. Man nehme das stark riechende Einwickelpapier eines Limburgers oder Harzers, falte es ordentlich zu einem Streifen zusammen und verstecke diesen in einem Hut, der einem geschätzten Kollegen gehört. Dieser wird es anfangs gar nicht merken, nur, wenn er freudlich jemanden grüßt und dabei den Hut zieht, steigt eine markante Duftwolke auf.

No. 14 Eine Schublade mit Knalleffekt

Man nehme einen ganz gewöhnlichen Luftballon, blase ihn nicht zu fest auf und stecke den aufgeblasenen Luftballon in die Schreibtischschublade eines Kollegen. Dann nimmt man ein kleines Stück Tesafilm und piekst eine Heftzwecke so durch den Tesafilm, daß die Nadel zur nichtklebenden Seite raussteht. Dieses kleine Stückchen Tesafilm klebt man unter den oberen Rand der geöffneten Schublade. Dann schiebt man die Schublade vorsichtig ganz zu. Kommt nun der liebe Kollege vom Händewaschen zurück und zieht mit Schwung seine geliebte Schublade auf, trifft der Luftballon auf die Heftzwecke, und der Knalleffekt ist perfekt.

No. 15 Das macht dem Kantinenkellner Freude

In vielen Betrieben gibt es eine Kantine, in der man zumindest zu Mittag gemeinsam etwas ißt. Hat man das Mittagessen mit Vergnügen verzehrt, verziert man den Rand des Tellers sorgfältig mit den Essens- und Soßenresten. Nur ein kleines Stück von ca. fünf Zentimetern läßt man unberührt und sauber. Doch an dieser Stelle schmiert man unter den Tellerrand etwas Senf. Nun naht der Ober zum Abräumen, glaubt, die Lage sofort zu erkennen und faßt genau an das Stück des Tellers, von dem er annimmt, daß es sauber sei. Doch schon beim ersten Zugreifen bemerkt er den Verrat.

No. 16 Wenn alles einen Namen haben muß

Das moderne Management braucht für alles einen Namen, so glaubt man jedenfalls. Mitarbeiter, die dieses Fachchinesisch beherrschen, glauben ebenfalls, daß sie damit Eindruck schinden können. Auf den folgenden Seiten findet man ein paar Begriffe, die zwar keinen sonderlichen Sinn ergeben, aber das Ganze lustiger gestalten.
Die „Management by ... Definitionen" nehmen kein Ende. Doch für alle, die sich noch nicht so sehr auskennen, hier die Grund-Definitionen in lockerer Übersicht:

Management by .....

Cabaret: (Kabarett)

Jeder hat ein paar lustige Einfälle, doch leider sind alle nur Komiker.

Champignons:

Mitarbeiter einsetzen, im Dunklen halten, regelmäßig mit Mist bestreuen, und wehe, wenn einer hervorkommt, sofort abschneiden.

Chaos:

Jeder macht etwas, jeder ist überzeugt davon, doch geht nichts zusammen und das einzige Ergebnis ist Chaos.

Chicken-style: (wie auf dem Hühnerhof)

Solange Ruhe ist, geht alles gut. Passiert die kleinste Kleinigkeit, rennt alles wild gackernd durcheinander.

Chiefs: (Bosse)
Zuviel Chefs und keine Mitarbeiter
Chromosomes: (frei übersetzt, durch Vererbung)
Mitarbeiter einsetzen, die durch Herkunft, Geburt und Blut erworbene Führungsqualitäten haben.
Errors: (Irrtümer)
Falsch entscheiden, Irrtümer produzieren, doch dazu stehen. Konsequent.
Gear-Wheels: (Zahnräder im Getriebe)
Alles funktioniert wie ein Zahnrad-Getriebe: Wenn der oberste eine halbe Drehung macht, rotieren die unteren.
Happiness: (Frohsinn)
Denn ein fröhlicher, stets gut gelaunter Chef hat nur ebensolche Mitarbeiter. Ohne Frage.

Honor: (Ehre)
Laufend neue Titel und viel Ehre, aber weder Gehaltserhöhung noch Geld.
Idiots: (Idioten, Verrückte etc.)
Alle sind glücklich und keiner weiß, was er tut.
Orchestra: (Orchester)
Einer spielt die erste Geige, einer haut auf die Pauke und der Rest besteht aus Pfeifen.
Permanent Control: (Dauerkontrolle)
Natürlich hat hier jeder Mitarbeiter seine Aufgaben eigenverantwortlich durchzuführen, völlig selbständig. Nur muß er, was immer er auch tut, dem Chef vorlegen.
Physics: (nur Kraft, sonst nichts)
Hier wird nur mit den Händen gearbeitet, denn wozu braucht man schon den Kopf.
Terror: (bekannt?)
Ziele setzen und Mittel verweigern.
Wisdom: (Big brain) (Weisheit)
Mittelalterliche, heute nur noch selten angewandte Führungsmethode

Schlagfertigkeit ist im Büro gefragt und sorgt für besseres Büroklima. Gerade im Büro ist der „intellektuelle" Streich gefragt.
Nichts ist ermüdender als ein Büroalltag, in dem man nichts mit sich anzufangen weiß. Darum ist das Büro-Spiel eine aktive, unterhaltende Lebenshilfe. Bitte sehr!
Nicht ganz so harmlos sind die folgenden Spielchen mit der Wirklichkeit.

No. 17 Hoch lebe die Telekommunikation

Das „liegengelassene" Telex:
Telexgeräte haben die Eigenschaft, auch im Ortsbetrieb, also wie eine Schreibmaschine zu arbeiten. Meist befindet

sich das Telexgerät in einem gesonderten Raum. Ein Telex selbst wird immer als besonders wichtig und eilig angesehen. Außerdem besitzt es dokumentarischen Charakter. In Anbetracht dieser Charakteristika läßt sich die Telex-Einrichtung zu allerlei äußerst üblen Scherzen benutzen, die je nach Kaliber zur fristlosen Entlassung des Scherzboldes führen können. Also, nicht erwischen lassen! Wir stellen den Telexapparat auf Lokalbetrieb, schreiben den jeweiligen Text mit Phantasieabsender und allgemeiner Adressierung, z. B. Firma XYZ, Personalabteilung (Vorstand, Betriebsrat usw.) und setzen den Vermerk „urgent" oder „Bitte sofort weiterleiten", „Streng vertraulich" usw. obenan. Dann nehmen wir das (natürlich nie abgeschickte) Telex heraus und lassen den Durchschlag auf den Boden fallen. Irgend jemand wird ihn schon finden und den „vertraulichen" Inhalt unter dem Siegel der Verschwiegenheit verbreiten ...

Textvorschläge: (Abs.: Bundesanstalt für Arbeit)

... und teilen Ihnen gerne mit, daß nach gründlicher Überprüfung durch unsere Abteilung Insolvenzen und Konkurse der Genehmigung Ihres Antrages auf Massenentlassung von zunächst 2.000 Arbeitnehmern und auf Schließung Ihres Fertigungsbetriebs I und II im Verlauf der nächsten vier Wochen nichts mehr im Wege steht. Der von Ihrem Betriebsrat und von Ihnen vorgeschlagene Sozialplan sollte jedoch in einigen Punkten zur Vermeidung der ärgsten Härtefälle, vor allem im Bereich der gewerblichen Arbeitnehmer der niedrigeren Lohngruppen, noch einmal überprüft werden. Der Abfindung Ihrer Geschäftsführer steht nach unserer Einschätzung der Rechtslage nichts entgegen.

Mfg

Krause

(Abs.: Der Minister des Inneren, Abt. Wirtschaftskriminalität) Teil 2 zu unserem Telex vom ...

Die Ermittlungen in der Sache Ihres genannten Abteilungsleiters haben eindeutig ergeben, daß es sich bei der ihm von den betreffenden Lieferanten geschenkten Limousine um ein 8-Zylinder-Modell in der Preislage von 60 000,– DM handelt, die er jedoch nur in seiner Freizeit benutzt.
Mfg
Hübner, Min.Dir.
(Abs.: American Food Groß-Catering Ltd., Filiale Dortmund)

Zusätzlich zu unserem Angebot vom ... sehen wir eine weitere Möglichkeit, die Kosten für Ihr Kantinenessen im Einkauf zu senken. Durch gezielte Beimischung unseres Soja-Surrogates auf chemischer Basis unter alle bei Ihnen zur Verwendung kommenden Fleischspeisen läßt sich deren Volumen merklich vergrößern, ohne daß es zu einer Verminderung der Akzeptanz der Kantinenbenutzer kommt. Die Struktur der geschmacks- und kalorienfreien Surrogatmasse auf Siliconbasis erlaubt unbeschränkte Verwendung, da der Geschmack der jeweiligen Soßen voll integriert wird. Obwohl vom Bundesgesundheitsministerium noch nicht als unbedenklich eingestuft, können wir Ihnen das Produkt vom Kosten-Nutzen-Aspekt her nur empfehlen.
Mfg
Mc. Cosmick
(Abs.: Gewerbeaufsichtsamt, Abt. Betriebshygiene und Gesundheitsgefährdung am Arbeitsplatz)

Betr.: Aktenzeichen 4723/B/82a
Zu obigem Betreff teile ich Ihnen gerne mit, daß Ihrem Antrag auf außerordentliche Genehmigung Ihrer beanstandeten Klimaanlage für zunächst weitere fünf Jahre nur unter Berücksichtigung Ihrer finanziellen Situation ausnahmsweise stattgegeben wurde. Ich erlaube mir aber, Sie

noch einmal auf die Folgen für die Gesundheit Ihrer Mitarbeiter hinzuweisen. Der hohe Asbestgehalt, der in Ihrer Klimaanlage verwendeten Dichtungen stellt eine latente Gefährdung für die oberen Luftwege und vor allem für die Lunge dar. Eventuelle Regreßansprüche wegen Frühinvalidität oder Tod können bei Weiterverwendung Ihrer Klimaanlage im jetzigen Ist-Zustand allerdings von Ihnen an die entsprechenden Versicherungen nicht weitergeleitet werden. Ich empfehle schon aus diesen finanziellen Folgelastgründen eine baldige Renovierung.
Mfg
Kessler, Dipl. Ing.

Strategie und Taktik sind heute nicht mehr wegzudenken. Um beides zu erlernen, gibt es nur eine Möglichkeit:
Üben!
Zum Training empfohlen
Anforderung von Büromaterial

Beispiel: Schreibmaschine, elektrisch, mit Korrektureinrichtung.

In den meisten Betrieben und Behörden verhindern zwei Faktoren erfolgreich die Neuanschaffung von Büromaterial. Erstens der allgemeine Sparwille und zweitens der Sparwille des Leiters der Materialbeschaffung. Nun möchte die Sekretärin eines Abteilungsleiters gerne eine neue elektrische Schreibmaschine mit Korrektureinrichtung haben. Die Zustimmung des Abteilungsleiters liegt vor. Das Spiel kann beginnen.

1. Schritt: Ein Formular wird ausgefüllt, aus dem der Wunsch nach einer neuen elektrischen Schreibmaschine mit Korrektureinrichtung im Wert von ca. DM 3000,– hervorgeht.

Begründung: Die zur Zeit benutzte Schreibmaschine sei 15 Jahre alt und recht abgenutzt.

Ergebnis: Die Abteilung Materialbeschaffung lehnt mit der Begründung ab, das ausgefüllte Formular sehe sogar im dritten Durchschlag doch durchaus vernünftig aus und zeige ein gutes Schriftbild. Man könne die Maschine für ein Zehntel des Neuanschaffungspreises überholen lassen und spare so 2700,– DM. Zum Korrigieren gebe es im übrigen Radiergummis und Tipp-Ex.
Schluß-Ende-Vorhang.

Wir müssen daher von vornherein eine andere Taktik wählen:

1. Schritt: Wir nehmen an der Schreibmaschine einige Änderungen vor. Die Walze wird völlig freigegeben, so daß sie sich leicht drehen läßt. Die Anschlagstärke wird auf Null gestellt, der Farbumsteller (Farbenwähler) ebenfalls von Zeit zu Zeit auf Mitte arretiert. Es werden fünf Durchschläge gemacht, von denen die letzten drei Verwendung finden. Auf der so vorbereiteten Maschine schreiben wir drei bis vier Aktennotizen beliebigen Inhalts an die Geschäftsleitung. Diese wird postwendend die Anschaffung einer neuen Schreibmaschine dringend empfehlen.

2. Schritt: Mit dieser Rückendeckung (... auf Wunsch der Geschäftsleitung ...) schreiben wir den Beschaffungsantrag neu und freuen uns, wie wir die Materialbeschaffung überlistet haben.

Ergebnis: Der Leiter der Materialbeschaffung bestätigt (... übrigens in Übereinstimmung mit der Geschäftsleitung ...) die miserable Qualität des Schriftbildes und die Notwendigkeit einer neuen Schreibmaschine. Allerdings dürfe man nicht ganz vergessen, 3000,– DM seien sehr viel Geld.

Es gebe aber im Archiv eine Maschine, die, kaum benutzt und erst fünf Jahre alt, zwar keine Korrektureinrichtung, aber doch ein sehr gutes Schriftbild aufweise. Im übrigen gebe es ja Radiergummis und Tipp-Ex.
Nun haben wir zwei Maschinen des gleichen Typs, die eine etwas älter, die andere etwas jünger. Also wieder nichts. Da hilft nur eins, nämlich unsere Taktik um ein weiteres Argument zu bereichern. Wir umgehen den allmächtigen Sparwillen eben mit dem Sparwillen selbst. Und das geht so:

1. Schritt: Wie gehabt.

2. Schritt: Mit Durchschlag an die Abteilung Materialbeschaffung richten wir einen betrieblichen Verbesserungsvorschlag an die Geschäftsleitung, der in erster Linie ein Einsparungsvorschlag ist. In Anbetracht der Tatsache, so der Inhalt, daß sehr viele Briefe aus unserer Abteilung sich lediglich in Adresse und Anrede unterscheiden, der eigentliche Brief aber vom Inhalt gleich sei, schlagen wir die Anschaffung eines elektronischen Textsystems im Wert von rund DM 40000,– vor. Dadurch könne man auf die zusätzlich geplante Einstellung einer Halbtagskraft zum Schreiben von Adressen und Anreden verzichten, was den zunächst hoch erscheinenden Anschaffungspreis rasch amortisiere. Außerdem verfüge die Maschine über automatisches Gedächtnis, Display und verschiedene Typenräder. Die Beherrschung des Gerätes sei nach dem Besuch eines dreitägigen Kurses kein Problem. Man hoffe, mit diesem Einsparungsvorschlag dem Wohle der Firma (Behörde usw.) gedient zu haben.

Ergebnis: Der Leiter der Materialbeschaffung teilt uns mit (... übrigens in Übereinstimmung mit der Geschäftsleitung ...) daß der Verbesserungsvorschlag wohlwollend geprüft worden sei. Er freue sich über unsere Bereitschaft, den Sparwillen zu fördern. Dennoch seien 40000,– DM sehr viel Geld, und die angespannte Finanzlage lasse die Ausgabe einer solchen Summe leider nicht zu. Es gebe aber sehr gute Kugelkopf-Maschinen mit verschiedenen Schriftbildern und Korrektureinrichtung schon um die DM 4000,–, also zu einem Zehntel des Preises für einen Textautomaten. Und wenn wir uns alle ein wenig mehr anstrengten, so könnten wir in Anbetracht der schwierigen wirtschaftlichen Lage vielleicht doch ohne zusätzliche Halbtagskraft auskommen und so DM 36000,– einsparen. Die neue Maschine werde in einigen Tagen zusammen mit der Prämie für den Verbesserungsvorschlag in Höhe von DM 360,– übergeben.

Fazit: Der Umweg hat sich gelohnt. Die neue Schreibmaschine ist da, und wir haben Grund und Geld zum Feiern.

Beispiel: Kaffeemaschine, Neuanschaffung
Kaffeemaschinen sind heute aus Büros nicht mehr wegzudenken. Leider stehen häufig wenige Exemplare vielen Benutzern zur Verfügung. Das Ergebnis: Einer kocht Kaffee, und im Nu haben sich alle möglichen Kollegen bedient. Der Kaffeekocher bekommt selbst nichts mehr. Um diesen ständigen Ärger zu beenden, beschließt der Abteilungsleiter die Anschaffung einer eigenen Kaffeemaschine.

1. Schritt: Das Anforderungsformular wird ausgefüllt und an die Abteilung Materialbeschaffung weitergeleitet.

2. Schritt: Parallel zur Anforderung geht eine Aktennotiz an den Leiter der Abteilung Materialbeschaffung mit ausführlicher Begründung (nachteilige Auswirkungen auf das Betriebsklima usw.).

Ergebnis: Der Leiter der Abteilung Materialbeschaffung lehnt aus Kostengründen ab und schlägt vor, eine Benutzungsordnung der Kaffeemaschine auszuhängen, etwa wie folgt: 8.00–8.30 Abt. Revision, 8.30–9.00 Abt. Verkauf, 9.00–9.30 Abt. Marketing usw. Dazu empfiehlt er die private Anschaffung von Thermosbehältern, die den von zu Hause mitgebrachten Kaffee über Stunden heiß und wohlschmeckend halten. Man dürfe schließlich den Spargedanken und die hohen Stromkosten nicht außer acht lassen. Das war's. Auf Jahre hinaus keine neue Kaffeemaschine. Wir müssen auch hier die Sache ganz anders anfassen.

1. Schritt: Wir erkundigen uns, ob der Leiter der Personalabteilung gerne Kaffee oder Tee trinkt. Danach richtet sich das weitere Vorgehen.

2. Schritt: Wir lagern eine Portion Instant-Kaffee (Tee) der billigsten Sorte einige Wochen offen in einer Untertasse auf dem Schrank.

3. Schritt: Es ergibt sich die Gelegenheit, daß sich der Personalchef zu einem Gespräch mit unserem Abteilungsleiter zusammensetzt. Wir bieten ihm einen Kaffee an.

4. Schritt: Der abgelagerte Kaffee (Tee) wird zubereitet, mit ein wenig Flüssigwürze (Maggi o. ä.) angereichert und serviert.

Ergebnis: Der Personalchef ist entsetzt. Man erklärt ihm, daß dies öfter vorkomme, weil zu viele Leute gleichzeitig die Kaffeemaschine benutzten. Man sei aber mit dem Leiter der Abteilung Materialbeschaffung einer Meinung, daß der Spargedanke oberstes Gebot sei, auch wenn die Mitarbeiter davonliefen.

Fazit: Auf Veranlassung des Personalchefs wird im Interesse der Wahrung des Betriebsfriedens und unter dem Aspekt des Spargedankens (... Außerdem wird die Einstellung neuer Mitarbeiter immer teurer ...) eine neue Kaffeemaschine für jede einzelne Abteilung angeschafft.

No. 18 Das Telefon. Dein Freund und Unterhalter.

Einfache Verwirrung und Abwehr lästiger Anrufer:
Sie tun so, als hörten Sie den anderen nicht, melden sich korrekt, eine Pause, ein freundliches „Hallo", dann noch ein „Hallo", dann etwas energischer „Hallo", dann noch ein „Hallo", dann ein „verdammt noch mal" und verärgert aufhängen. Bei Bedarf wiederholen.
Jemand, den Sie nicht besonders mögen und der Ihnen etwas mitteilen möchte, machen Sie damit fertig, indem Sie höflich, freundlich und beflissen jeden Satz wiederholen und dabei die Worte verdrehen. Z.B.:
Anrufer: „... heute Termin." Sie: „Da gehe ich hin."
Anrufer: „... nein, heute Termin." Sie: „Fein, fein, was ist hin?"
Anrufer: „..., nein, Sie sollen kommen, heute!" Sie: „Nanu, mein Lieber, ich bin doch nicht verkommen!"

Es klingelt und Sie melden sich mit:
a) „Telefon!" b) „Ich wußte, daß gerade Sie schon wieder anrufen." c) „Ja, muß das denn sein!" d) „Klein und häßlich" e) „Auskunft, bitte warten Sie nicht" f) „Katholischer Güterbahnhof" g) „Förderungsverein deutscher Goldhamster" h) „Telefonseelsorge der mitteldeutschen Fahrradindustrie" i) „Hier da, wer ich?"

No. 19 Telefonische Halbwahrheiten und andere Ausreden

Im Büro:
„Ich muß Schluß machen, mein Chef!" Am besten mit etwas gepreßter Stimme.
„Wir haben in zwei Minuten eine Sitzung. Muß noch meine Unterlagen raussuchen."
„Du, ich bin mitten im Diktat. Einen Augenblick, Frl. Meier, es geht gleich weiter."
„Nicht böse sein, ich rufe dich an." Das „wann" kann man da völlig offen lassen.
„Ich kann jetzt nicht, habe ein wichtiges Gespräch." Darauf fragt meistens der andere: „Was ist denn?" „Ach, ich soll gleich zum Chef. Er hat etwas für mich!" Klar, daß der andere dann rät, das Gespräch zu beenden.
Eine gute Ausrede macht Eindruck, überzeugt und verblüfft. Es passiert jedem einmal, daß er irgend etwas getan hat, versäumt oder vergessen hat und dann vom Vorgesetzten, vom Kollegen oder auch von der Ehefrau gefragt wird, warum. Hier hilft oft nur noch eine gute Ausrede. Eine Ausrede, die plausibel ist oder einfach nur den Frager perplex macht.

Zu spät gekommen:
a) „Ich habe mich verlaufen." b) „Der Zirkus hat Elefanten durch die Stadt getrieben." c) „Mein Wagen war von einem Feuerwehrfahrzeug eingekeilt, weil der Nachbar auf dem Dach saß." d) „Der Hydrant vorm Haus ist geplatzt. Direkt neben meinem Wagen." e) „Die Straßenbahn hat sich verfahren." f) „Der Zug durfte nicht in den Bahnhof."

Etwas vergessen:
a) „Natürlich habe ich daran gedacht. Was war es doch gleich?" b) „Wissen Sie, mein Kanarienvogel hat Grippe, mein Hund Gallensteine und mir geht es auch nicht gut,

und da fragen Sie so etwas!" c) „Die Vergeßlichkeit habe ich von meiner Großmutter geerbt. Wie hieß sie noch gleich?" d) „Natürlich habe ich es vergessen! Doch gibt es für Sie nichts Wichtigeres?" e) „Was haben Sie gesagt, was ich vergessen haben soll? Nanu, ja. An was soll ich gleich noch denken?" f) „Ja, vergessen Sie denn überhaupt nichts?" g) „Bis gestern habe ich daran gedacht. Aber dann bin ich einer Frau / einem Mann begegnet! Ansehen und Zittern ist eins! Da vergessen Sie alles. Was wollten Sie noch von mir?" h) „Vergessen? Was? Ach, so! Was? Bin in letzter Zeit so vergeßlich!"

Wenn Sie etwas falsch gemacht haben:
a) „Also thematisch hatte ich es im Griff. Nur die Lösung der Gesamtproblematik, Sie verstehen, wollte ich mit Ihnen noch mal durchsprechen." b) „Ja, ja, das war als Kind bei mir schon so. Ich muß an mir arbeiten. Können Sie mir helfen?" c) „Natürlich ist es unter gewissen Aspekten falsch, aber andersherum gesehen!" d) „Aus meiner Warte erscheint mir das richtig. Aber kann ich verlangen, daß Sie es aus meiner Sicht sehen?" e) „Natürlich ist es falsch. Ja, machen Sie keine Fehler?" f) „Mein Vater sagte schon immer, Fehler machen alles so menschlich. Ist das nicht wichtig in diesen Zeiten?" g) „Was heißt hier Fehler, ich würde eher sagen, es gibt noch eine andere Lösung!"

Wenn Sie einen Termin verpaßt haben:
a) „Ich kann Ihnen gar nicht sagen, wie weh mir dieses Versäumnis getan hat. Aber ich konnte Sie nicht von der Toilette aus anrufen!" b) „Den Kopf so voll, beim Finanzamt nicht drangekommen, Wagen abgeschleppt, Frau/Mann die Treppe runtergestürzt und die Großmutter zu Besuch. Da fragen Sie mich, wo ich gesteckt habe." c) „Ich kann überall hin, wo ich gebraucht werde!" d) „Ich wäre gerne gekommen, aber glauben Sie mir, da war so eine Sache, darüber möchte ich lieber nicht sprechen!" e) „Nun

hören Sie mal, der Termin ist doch erst morgen! Ich weiß es genau." f) „Haben Sie meinen Terminkalender gesehen? Da kann man selbst das Datum nicht mehr lesen, so voll ist der!"

No. 20 Lassen Sie den Kollegen nicht auf dem Trockenen sitzen

Die Pfütze ist ein toller Streich für Schule und Büro und für alle Stühle, die eine Holzsitzfläche haben. Der Trick ist ganz einfach: Man dreht den Stuhl so, daß kein direktes Licht auf die Sitzfläche fällt. Dann holt man sich in einem kleinen Gefäß etwas Wasser. Es reicht eine saubere Tasse oder ein Glas. Nun gießt man etwas Wasser, so die Menge, die in einen Fingerhut paßt, auf die Mitte der Sitzfläche. Nun heißt es warten. Denn die nasse Hinterseite des „Opfers" ist garantiert. Übrigens bei stoffbezogenen Stühlen funktioniert es auch. Nur muß man da etwas mehr Wasser nehmen, damit's auch richtig wirkt.

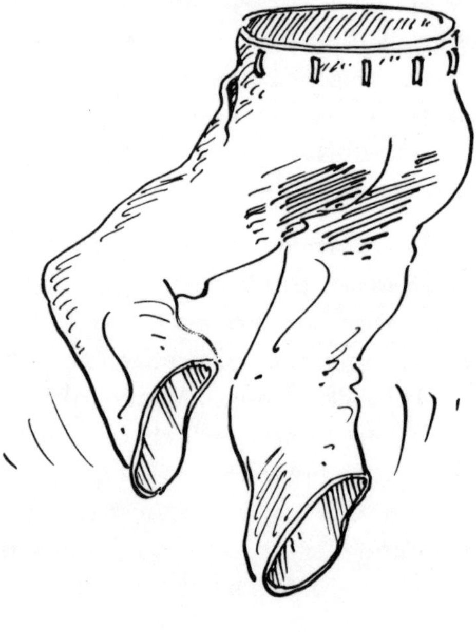

Scherzartikel

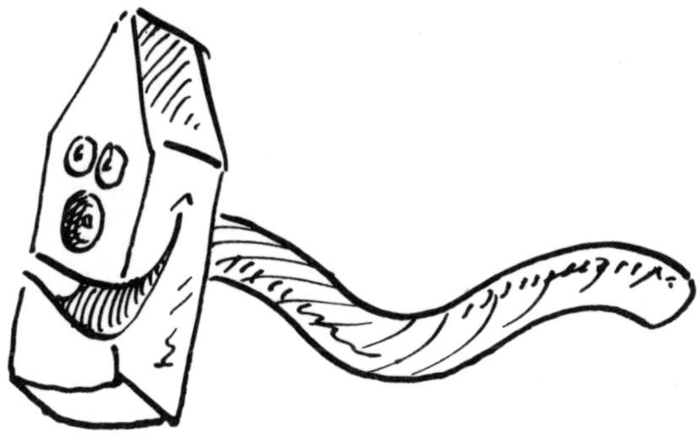

Scherzartikel kennt doch jeder. Meist zur Karnevals- oder Faschingszeit liegen die Hundehaufen aus Plastik oder Gummi auf den Stühlen herum, Kunststoffspiegeleier hängen an der Wand und in manchem Sessel lauert das unvermeidliche Furzkissen. Diese Scherzartikel kann man einfach und mit etwas Geschick selbermachen. Ob Knoblauchpralinen, Schockerbeine oder unsinnige Schilder, solche Hilfsmittel für kleine und große Scherze machen Spaß, dem „Opfer" wie dem Konstrukteur. Bei den vorgestellten Scherzartikeln geht es weniger um die Perfektion, als um die Wirkung. Also, ohne große Worte, hinein ins Vernügen.

No. 1 Die Schockerbeine

Die Schockerbeine kommen in allen guten und schlechten Kriminalfilmen vor. Dabei handelt es sich um die berühmt-berüchtigten schwarzen Schuhe mit den korrekten Hosenbeinen, die unter dem Gardinensaum hervorschauen, unter dem Sofa rausgucken, oder die unter der Kommode zum Vorschein kommen. Für die Schockerbeine braucht man: Ein Paar schwarze Schuhe, ein Paar Socken, eine alte Hose, Pappe, ein Stück Draht und eine Flasche Montageschaum. Die Socken werden in die Schuhe gesteckt und mit der Hand in den Schuhen gut ausgebreitet. Dann werden die Socken vorsichtig mit etwas Montageschaum gefüllt. Aber aufgepaßt, dieser Schaum dehnt sich schnell um ein Vielfaches aus, also nur wenig nehmen, um die Socken in den Schuhen zu füllen. Dann werden aus der Pappe zwei Röhren (50 cm lang) gedreht und in die Socken mit dem Schaum gesteckt, bevor er härtet. Nun werden die Hosenbeine in einer Länge von ca. 40 Zentimeter abgeschnitten und über die Pappröhre gestülpt. Am oberen Rand kann man die Hosenbeine dann mit Heftklammern befestigen. Nun werden die Hosenbeine und die Pappröhren vorsichtig ausgeschäumt, bis beide zu ca. zwei Drittel gefüllt sind. Den Rest des Platzes braucht der Schaum, um sich auszudehnen. Oben in die Hosenbeine kann man noch einen stabilen Drahtbügel hineinstecken, damit beide „Beinteile" miteinander verbunden sind. (Zeichnung) Während

der Schaum trocknet, ist er immer noch gut formbar, so daß die Socken, wie auch die Hosenbeine in die richtige Form gebracht werden können, inklusive der Bügelfalte. In jedem Fall sollte die ganze Geschichte sehr korrekt aussehen. Der Schaum, der zuviel ist, läßt sich nach dem Trocknen (ca. fünf Stunden) mit einem scharfen Messer wegschneiden. Wichtig ist, daß man die Anleitung auf der Montageschaumflasche gründlich liest. Denn sonst erlebt man sein schaumiges Wunder. Die handlichen Schockerbeine lassen sich nach der Fertigstellung überall aufstellen. Zum Beispiel: An der Garderobe, unter einem langen

Mantel, hinter einem Mauervorsprung, unter dem Bett, im Bad unter einem Handtuch. Möglichkeiten gibt es unzählige.

No. 2 Die Haushaltsattrappen

Dazu gehören alle Wasserhähne, Steckdosen, Kleiderhaken, Lichtschalter, Absperrhähne, Lampenfassungen und Türklinken. Der Streich oder Trick ist denkbar einfach. Man sägt sich kleine quadratische Brettchen. Diese streicht man an, tapeziert sie oder lackiert sie, je nach Verwendungszweck und Ziel, wo man die Attrappen einsetzen will. Dann schraubt oder klebt man auf das vorbereitete Brettchen das Objekt der Tücke, also die Steckdose, den Hahn oder Schalter; auf die Rückseite des Brettchens klebt man einen doppelseitigen Klebestreifen, zum Beispiel Teppichklebeband, wenn es besonders haltbar sein soll. Mit dem präparierten „Tückeobjekt" sucht man die Wohnung oder das Haus des „Opfers" auf. Möglichst unbemerkt sollte man nun das Objekt an einer möglichst unmöglichen Stelle anbringen.

No. 3 Die Überraschungspralinen

Eine Überraschung findet immer dann statt, wenn man etwas nicht erwartet hat. So auch bei den Überraschungspralinen. Man träumt vom Süßen und erlebt eine bittere Überraschung. Solche Pralinen sind relativ leicht selbst herzustellen. Die einfachste Ausführung ist die Weinbrandbohne mit dem berauschenden Knoblauchgeschmack. Dazu braucht man eine Schachtel handelsübliche Weinbrandbohnen, ein Fläschchen flüssigen Knoblauch und eine Einwegspritze aus der Apotheke. Nun zieht man sich in die Küche zurück und beginnt mit dem kleinen Kunstwerk. Die Spritze füllt man vorsichtig mit dem flüssigen Knoblauchgewürz. Dann packt man die Pralinen aus.

Wenn die Pralinen noch einzeln verpackt sind, dann muß man das Papier vorsichtig öffnen, denn nach dem „Auffüllen" sollte man die Weinbrandbohne möglichst wieder „original" verpacken. Nun wird die Nadel der Spritze mit einem Feuerzeug heiß gemacht, und dann kann man ganz vorsichtig in den Boden der Pralinen einspritzen. Danach muß man die Spritze schnell herausziehen, damit sich die warme Schokolade wieder schließt. Sollte das nicht so klappen, kann man das Einstichloch mit einer heißen Messerspitze wieder verschließen. Außer Knoblauch kann man auch Tabasco oder Maggi nehmen, um ein „besonderes Geschmackserlebnis" herzustellen. Gemeiner und weniger schön sind zum Beispiel auch Pralinen mit Spülmittel. Aber bitte keine Haushaltsreiniger nehmen, denn die sind giftig. Es gibt aber auch noch einen anderen Weg, solche Überraschungspralinen zu produzieren: Die Selbstgemachten. Mit flüssiger, heißer Schokolade werden Walnüsse, Feigen und Datteln überzogen, und hin und wieder ein paar Knoblauchzehen oder Zwiebelstücke. Auch Stücke von Wachskerzen sorgen beim Genießer für echte Überraschung.

No. 4 Kekse & Kuchen

Was den Pralinen recht ist, ist dem Gebäck billig: Also, Kekse und Kuchen mit Pfeffer, Tabasco oder anderen sehr scharfen Gewürzen sorgen immer wieder für Überraschung. Nur sollte man, wie auch bei den Pralinen, darauf achten, daß nicht alle Süßwaren präpariert sind, damit man mit harmlosem Gesicht dabeisitzen und völliges Unverständnis heucheln kann, denn dann fällt man als „Täter" am wenigsten auf.

No. 5 Das Furzkissen

Unschöne, eher peinliche Laute produziert das selbstgemachte „Furzkissen". Es geht denkbar einfach: Man nimmt einen Luftballon und bläst ihn nur ganz schwach auf. Dann wird die Öffnung (der Hals) mit einer Büroklammer verschlossen, so daß schon beim geringsten Druck die Luft mit höchst unanständigen Lauten entweicht. Diesen so präparierten Luftballon legt man vorzugsweise unter Sitzkissen oder auf Stühle, die das „Opfer" mit größter Selbstverständlichkeit benutzt und deswegen nicht so darauf achtet. Auch unter dem Bettuch funktioniert das „Furzkissen" ganz prima. Besonders trickreich ist das „Furzkissen", wenn man es dem Opfer hinten im Mantel mit einem Stück Klebestreifen zwischen Futter und Mantelstoff montiert. Beim ersten Hinsetzen gibt es dann die seltsamen Geräusche von sich.

No. 6 Der schräge Stuhl

Zu den fast klassischen Streichen gehört der schräge Stuhl. Der Trick ist schnell und leicht anzuwenden: Man schneidet sich zwei kleine Holzklötzchen, die ca. einen Zentimeter hoch sind. Diese Klötzchen werden mit etwas Holzleim unter die hinteren Stuhlbeine geklebt, so daß der Stuhl ein ganz geringes Gefälle nach vorne hat. Das „Opfer" bemerkt es anfangs meist nicht, doch nach ein paar Minuten rutscht es ganz langsam, aber gleichmäßig nach vorne. Und das wiederholt sich so lange, bis es den Schwindel merkt.

No. 7 Der Überraschungsblumentopf

Eine Topfblume ist immer ein schönes Geschenk. Besonders Gartenliebhaber und ältere Damen freuen sich über so ein Blumenstöckchen. Will man aber nicht nur Freude bereiten, sondern auch etwas Ärger, muß der Blumentopf präpariert werden. Dazu besucht man eine Zoohandlung und kauft sich als Tierfutter Fliegenlarven, die man in die Erde des Blumentopfes steckt, so ca. zehn bis fünfzehn Stück. Die Fliegenlarven dürfen maximal einen Tag vorher in den Topf gesteckt werden, denn sonst schlüpfen die Fliegen zu früh. Macht man alles richtig, so erlebt das „Opfer" ein wahres „Fliegenwunder". Übrigens: Die Larven nicht zu tief in die Erde stecken, am besten etwa einen Zentimeter tief, denn sonst geht die Brut nicht auf.

No. 8 Die Gipstasse

Ein Kaffeetassentrick: Man nimmt etwas braune und schwarze Pulverfarbe, rührt einen sehr dünnen Gips an und mischt die Farbe unter, bis der gewünschte Kaffeeton erreicht ist. Dann gießt man die Masse in eine möglichst alte Kaffeetasse und läßt das Ganze trocknen. Nach einer halben Stunde kann man dann die Gipstasse verwenden...

No. 9 Der unerreichbare Schlüsselbund

Wenn man jemandem einen Schlüssel oder Schlüsselbund hinterlassen soll, sollte man diese Schlüssel nur unter Schwierigkeiten erreichbar machen, vor allem, wenn man das „Opfer" etwas austricksen möchte.
Also, man nehme eine kleine Glasschale und lege die oder den Schlüssel hinein. Dann bereitet man flugs eine kleinere Portion Götterspeise, Wackelpeter oder Gelatinepudding, wie auch immer, und gieße den heißen Pudding über die Schlüssel, bis sie gut bedeckt sind. Dann läßt man das

Ganze kalt werden, plaziert die Schlüssel und verabschiedet sich vielleicht noch mit dem Satz: „Die Schlüssel liegen auf der Kommode, bis später!" Und verschwindet.

No. 10 Der linksdrehende Korkenzieher

In verschiedenen Scherzartikel- oder Partyartikelgeschäften gibt es einen ganz normalen Korkenzieher, der nur einen kleinen Fehler hat – er läßt sich nur linksherum in den Flaschenkorken drehen. Interessant ist der Versuch mit Weinkennern und professionellen „Flaschen-Öffnern". Die meisten verzweifeln daran.

No. 11 Das Bierflaschen-Wunder

Dazu benötigt man eine Bügelverschluß-Bierflasche, eine Bohrmaschine und einen 1 mm- bis 1,5 mm-Glasbohrer. Diese Glasbohrer gibt es in verschiedenen Werkzeuggeschäften oder Baumärkten. Man spannt die Flasche vorsichtig, mit einem Handtuch umwickelt, in einen Schraubstock oder eine Hobelbank ein und bohrt mit dem Glasbohrer in den Boden der Flasche ein kleines Loch. Vorsicht! Der Glasbohrer bricht sehr leicht ab. Wenn das Loch gebohrt ist, füllt man die Flasche mit Leitungswasser und verschließt sie sorgfältig. Nun sucht man sich ein „Opfer", um mit diesem zu wetten, daß es unmöglich ist, mit der linken Hand die Flasche zu öffnen, wenn diese in der rechten Hosentasche steckt. Natürlich steigt der „Ärmste" darauf ein und löst die ihm gestellte Aufgabe mit Brillanz. Die böse Überraschung kommt natürlich prompt, denn in dem Augenblick, in dem der Unterdruck durch das Öffnen ausgeglichen ist, läuft das Wasser nach unten aus.

No. 12 Das Aktentaschen-Telefon

Dazu braucht man eine Aktentasche oder Kollegmappe, eine 6-Volt-Türklingel, einen Klingelknopf, ein paar isolierte Drähte und eine 4,5-Volt-Batterie sowie einen Telefonhörer. In der Aktentasche wird die Klingel, die mit dem Klingelknopf und der Batterie verbunden ist, festgeklebt. Der Telefonhörer mit dem Stück Kabel kommt hinzu, und zwar so, daß man das freie Ende des Kabels in der Tasche mit einem Stück Heftpflaster festklebt und den Hörer jederzeit leicht herausnehmen kann. Der Klingelknopf muß so angebracht werden, daß er auch von außen durch die

Tasche zu drücken ist. Nun begibt man sich mit dem präparierten Aktentaschentelefon und vielleicht einem Komplizen in die Öffentlichkeit. Das Aktentaschentelefon wirkt in der Straßenbahn genauso wie auf dem Wochenmarkt oder in einem Kaufhaus. Man läßt es einfach zwei- bis dreimal klingeln, öffnet die Tasche, entnimmt den Hörer und beginnt ein phantasievolles Telefonat.

No. 13 Das Trimmblatt

Dazu genügt ein einfaches Blatt Papier, auf dem folgender Text steht: „Sie haben soeben an einer *Trimdich-Aktion* teilgenommen! Bitte legen Sie das Papier wieder auf den Boden zurück, damit auch noch andere *Trimmdich-Anhänger* teilnehmen können!" Das Blatt legt man nun unbemerkt dort auf den Fußboden, wo möglichst viele Menschen vorbeikommen. Jeder hebt das Blatt auf!

No. 14 Der Pseudobrief

Ein normaler Brief ist nichts Besonderes. Aber ein Wertbrief oder ein Einschreiben macht den Empfänger schon nachdenklicher. Doch ein Einschreiben, das dann nur einen freundlichen Gruß enthält, verstimmt schon. Ebenso ein Wertbrief, der nichts wert ist. Auch der Eilbrief, der den samstäglichen Langschläfer aus dem Bett reißt, wirkt Wunder. Vor allem, wenn er nichts Eiliges enthält.

No. 15 Die Geisterstimme

Für Telefonfans gerade richtig und viel effektiver als die Nummer mit dem Taschentuch über dem Hörer, die man aus Krimis kennt.
Will man einem Telefonierenden einen Streich spielen, so schneidet man aus Alufolie eine etwa Zwei-Mark-Stück große Scheibe. Dann dreht man die Sprechmuschel auf

und legt die Alufolienscheibe auf das Mikrofon. Danach schraubt man vorsichtig die Muschel wieder zu. Der Effekt: Der Telefonierende bekommt eine sehr verzerrte Stimme.
Ein weiterer Streich ist die Geschichte mit der Haushaltsfolie über dem Hörer. Man spannt einfach Klarsichtfolie über die Sprechmuschel und erreicht so, daß die Stimme des Telefonierenden verzerrt wird.

Streiche zum Aufschreiben

No. 1 Kleine Anzeige – große Wirkung

Daß man heute mit der berühmten Kleinanzeige ganz prima jemandem einen Streich spielen kann, ist klar und wird auch schon rege wahrgenommen. Die Kleinanzeigen in den sogenannten Anzeigenblättern, aber auch in Tageszeitungen, bieten ein großes Betätigungsfeld, jemandem eins auszuwischen. Dazu einige Beispiele:
Hat eine „gute" Freundin oder ein „guter" Freund Geburtstag, dann kann man ihnen mit folgendem Text bestimmt eine Freude machen:

„Gabi hat heute Geburtstag

und freut sich über jeden männlichen Gratulanten.
Telefon 08744/..."

Und fürs andere Geschlecht:

„Charly hat heute Geburtstag

Jedes weibliche Wesen, das ihm gratulieren möchte, darf ab 17.00 Uhr anrufen.
Telefon 08744/..."

Sollte der Geburtstag im kleinen Rahmen stattfinden, dann wirkt folgendes Inserat wahre Wunder:

„Heute ab 19.00 Uhr gratis Weinprobe.

Jeder Gast erhält ein Geschenk. (Adresse)

Das Ganze kann man noch beleben mit einem Hinweisschild, wie z. B.

„Hier Weinprobe!
Eintritt frei!
Ab 19.00 Uhr"

Grundstücks- und Hausbesitzer freuen sich ganz besonders über Inserate wie z. B.:

„Sammle alles Alte!
Zahle Höchstpreise.
Nur sonntags ab 7.00 Uhr!
(Adresse)"

Stimmung bringt an warmen Sommertagen auch das Inserat:

„Hausflohmarkt!
Haushaltsauflösung.
Sensationelle Billigpreise!
Sonntag ab 9.00 Uhr
(Adresse)

Kleinanzeigen wirken Wunder, wenn man jemanden auf die Palme bringen will, so z. B. auch:

„Suche preiswerte Versicherungen.

Telefon 08744/...
(auch nach 20.00 Uhr)!"

Und schon lernt das „Opfer" jeden kennen, der nur in irgendeiner Form mit Versicherungen zu tun hat.
Auf dem flachen Lande oder in der Provinz wirken Anzeigen wie:

„Brennholz kostenlos abzugeben.

Telefon ... (ab 7.00 Uhr)"

ganz besonders. Und mit jedem Anruf wächst die „Freude" beim „Opfer". Wer die Kosten für Kleinanzeigen scheut, dem hilft auch

das gute, alte Plakat, das man selbst malt und dann unbemerkt am Zaun des „Opfers“ befestigt. Mit flottem Pinselstrich verspricht man darauf zum Beispiel:

„Äpfel zu verschenken!“

oder

„Brennholz heute gratis abzugeben!“

oder

„Hausflohmarkt.

Jedes Teil 1 Mark!“

Solche Plakate wirken Wunder und werden meist nicht sofort entdeckt. Aber nicht nur auf dem Lande wirken solche Plakate, auch in der Stadt kann man mit „falschen Versprechungen“ allerhand erreichen. Schon ein Zettel an der Haustür wie zum Beispiel:

„Verschenke alte Bücher“

oder

„Alte Möbel zu verkaufen.

Jedes Teil 5 Mark!“

oder

„Alte Zeitschriften zu verschenken“

lockt viele ungebetene Besucher an. Die gleichen Zettel kann man mit Hinweisen auf zu verschenkende Schallplatten, Comic-Heftchen, Bilder und Fotos verteilen.
Wer etwas mehr Zeit hat, kann auch Zettel mit verschiedenen

Angeboten in den Briefkästen der Nachbarschaft verteilen. Angebote wie zum Beispiel:

„ **Gratis Weinprobe**

bei Müllers ab 19.00 Uhr
(Adresse)"

oder

„Heute Videoabend

für alle Nachbarn bei Müllers
(Adresse)"

oder

„Verleihe Videofilme für 10 Pfennig pro Tag.

(Adresse)"

Alles, was sehr günstig aussieht, läßt die Leute herbeiströmen, und das arme „Opfer" hat keine ruhige Minute.
Wer mit Kleinanzeigen Probleme hat, dem reichen auch ein paar kopierte Zettel, die man in die Briefkästen der Nachbarn steckt. Oder an die häufig anzutreffenden Pinnwände in Supermärkten heftet. Auch dort werden die „Botschaften" gelesen.

Die verräterische Postkarte

Bei Postkarten hört im Normalfall das Briefgeheimnis auf. Die liest jeder, der sie in die Hand kriegt. Wenn man also jemandem einen Streich auf dem Postwege spielen will, dann schickt man eine Postkarte mit einem gemeinen Text. Wenn zum Beispiel der Empfänger als geizig bekannt ist, dann bedankt man sich herzlich für die DM 1000,–, die er dem Absender geschenkt hat. Oder man teilt ihm mit, daß er seinen Sportwagen jetzt nicht mehr unterstellen könne und ihn abholen soll. Die Gemeinheit muß auf den Empfänger nach Maß zugeschnitten sein, damit er sich richtig aufregt.

Sprüche, Gags und Blödsinn

Schlagfertigkeit und gute, komische Formulierungen überraschen das Gegenüber immer wieder. Heute gibt es unzählige, gute „Spontisprüche", die einen Teil der jüngeren „Volksseele" repräsentieren. Eine kleine Auswahl guter Spontisprüche gibt es auf den folgenden Seiten. Da hilft nur noch eines: Abschreiben, auswendig lernen oder einfach vergessen. Aus dem Wörterbuch der „Volksseele":

Ich bin vollkommen meiner Meinung.

Wer war eigentlich Einbahn?
Nach dem sind so viele Straßen benannt.

Wir haben alle unser Päckchen zu tragen,
sprach der Briefträger.

Ich will nur Dein Bestes!
Kriegste aber nicht!

Das stärkste Team seit Nitro und Glyzerin!

Wie nennt man das, wenn es in Florida schneit?
Miami weiß!

Der Januar ist länger als der Jaguar.

Vergeßt die Zoten nicht.

Achtung! Eiliger Stuhl! (Autoaufkleber)

Freiheit für die Gummibärchen – weg mit den Tüten!

Es gibt viele zu packen – tun wir's ihnen an!

Die Schweine von heute sind die Koteletts von morgen!

Nie war ich so wertvoll wie heute.

Stell dir vor, es ist Dienstag, und keiner guckt „Dallas".

Schenk mir ein Bild von Dir – ich sammle Naturkatastrophen!

Nieder mit der Schwerkraft, es lebe der Leichtsinn!

Wer morgens zerknittert aufsteht, hat am Tag die besten Entfaltungsmöglichkeiten!

Der Mensch steht im Mittelpunkt und somit allem im Wege.

Lieber Käsefüße als Wurstfinger!

Hart ist hart – weich ist weich – aber immer weich ist wirklich hart.

Hot Dogs beißen nicht!

Hast Du keinen Bock – versuch's mal mit 'ner Ziege!

Wozu brauchte man eigentlich Erdnüsse, als es noch kein Fernsehen gab?

Lieber 1× mit Schneewittchen als 7× mit den Zwergen.

Ein Apfelstrudel ist selbst für Nichtschwimmer ungefährlich.

Lieber fernsehen als radioaktiv!

Arbeit ist süß – doch ich bin Diabetiker!

Wir arbeiten Hand in Hand: Was die eine nicht schafft, läßt die andere liegen.

Der liebe Gott sieht alles, nur nicht „Dallas".

Warum soll im Fernsehen der Wetterbericht abgeschafft werden? Glücksspiele mit Karten sind verboten!

Lieber aussteigen als eingehen!

Eine Frau ohne Mann ist wie ein Fisch ohne Fahrrad!

Lieber Mixed Pickles als Akne!

Geisterfahrer sind sehr entgegenkommend.

Besser Nasebohren als Arschkriechen!

Dein Gesicht auf 'ner Briefmarke – und die Post geht wirklich pleite.

Freiheit für Grönland – weg mit dem Packeis.

Wir wissen zwar nicht, wo wir hin wollen, werden aber als erste dabeisein.

Körperliche Abwesenheit ist besser als Geistesgegenwart.

Es gibt nichts zu tun – fangt schon mal an.

Wer kriecht, kann nicht stolpern.

Eine Lösung hätte ich – doch sie paßte nicht zum Problem.

Besser heimlich schlau als unheimlich blöd.

Operative Hektik ersetzt geistige Windstille.

Ich antworte mit einem entschiedenen: „Vielleicht!"

Glaub keiner Statistik, die du nicht selbst gefälscht hast.

Sie können machen, was Sie wollen, aber nicht so.

Wer für seine Erfolgserlebnisse nicht selbst sorgt, hat sie nicht verdient.

Fritten auf Erden!

In England erlebte Napoleon sein erstes Waterklo!

In der Truhe liegt die Kraft!

Die Eiger Nordwand ist frisch gestrichen!

Blau ist grüner als gelb!

Regen ist nasser als Wasser!

Mens sana in Campari Soda!

Frankenwein auf Krankenschein!

Der Ätna ist ausgebrochen! Hoffentlich fängt man ihn bald wieder ein!

Er ist ein Mann wie ein Baum.
Man nennt ihn Bonsai.

Großer Beliebheit erfreuen sich Sprüche und Meinungsschilder auch in Schülerkreisen. Viele Klassen zeichnen sich durch Wandschmuck der verschiedensten Arten aus. Um den Fundus für die Schule zu bereichern, hier eine Sammlung von Sprüchen, die ohne große Mühe von uns unter Zuhilfenahme des Volksmundes zusammengestellt wurden:

Bitte anklopfen, ohne einzutreten!

Alles ist klar und keiner weiß Bescheid.

Wir wissen zwar nicht, was wir wollen, aber das mit ganzer Überzeugung.

Wer schon die Übersicht verloren hat, der sollte wenigstens den Mut zur Entscheidung haben.

Gefährlich wird es, wenn die Dummen fleißig werden.

Initiative ist Disziplinlosigkeit.

Aktionsplan bedeutet: „Überbieten, ohne zu erfüllen!"

Jeder macht, was er will; keiner macht was er soll; aber alle machen mit.

An der Spitze stehen, ist uns immer noch zu weit hinten.

Wo wir sind, da klappt nichts; doch wir können nicht überall sein!

Lösen können wir das Problem nicht, aber wir werden es auflockern: „Was heute nicht richtig ist, kann morgen ganz falsch sein."

Allgemeine Losung: „So alt, wie wir aussehen, werden wir nie!"

Unser Verstand ist unser Vermögen, aber Armut schändet nicht.

So wie wir heute leben, haben wir nie gearbeitet.

Hier wird zwar viel gemacht, aber was gemacht wird, ist nicht zu gebrauchen.

Es genügt nicht, keine Gedanken zu haben, man muß natürlich auch unfähig sein, sie auszudrücken.

Egal wo es hinführt, wir marschieren vorwärts.

Wir sind zu allem bereit, aber wir sind zu nichts zu gebrauchen.

Jeder kann werden, was er will, ob er will oder nicht.

Wo wir sind, ist vorn, und wenn wir hinten sind, ist hinten vorn.

Keiner ist unnütz, er kann immer noch als schlechtes Beispiel dienen.

Wer viel arbeitet, macht viele Fehler, wer keine Fehler macht, wird prämiert und befördert.

Man sagt, es gibt keine Probleme, aber wo wir sind, gibt es immer welche.

Wissen ist Macht, nichts wissen macht auch nichts.

Wir kennen die Aufgabe nicht, aber bringen das Doppelte.

Damit immer mehr weniger zu tun brauchen, müssen immer weniger immer mehr tun.

Grüße jeden Dummen, er könnte morgen Dein Vorgesetzter sein.

Wir wissen nicht, wohin wir wollen, wollen aber als erste da sein.

Vergangenes Jahr standen wir vor einem Abgrund; dieses Jahr wollen wir einen großen Schritt nach vorne wagen.

Wir müssen schwach anfangen; dann aber stark nachlassen.

Lieber nichts tun, als unter viel Mühen nichts schaffen.

Planung bedeutet, den Zufall durch den Irrtum zu ersetzen.

Sei sparsam, koste es, was es wolle.

Feste feiern ist besser als feste arbeiten.

Der Kluge lebt vom Dummen. Der Dumme von der Arbeit.

Lieber eine 5 in der Schule als gar keine persönliche Note.

Der Intellekt verfolgt mich. Aber ich bin schneller.

Das klingt schlimmer, als es sich anhört!

Berühmte Streiche

Streiche aller Art und in jeglicher Form waren in der Vergangenheit wie auch heute immer eine beliebte Art, Zwischenmenschliches geschehen zu lassen. Dieses Geschehen hatte natürlich mit Humor zu tun, und so sollte es auch heute noch sein. Streiche nutzten Staatsmänner, Künstler und Literaten in jeglicher Form. Aber auch das einfache Volk erfreute sich seit Jahrhunderten an gelungenen Streichen. Denn nichts ist lustiger, als wenn irgendwo irgendeiner irgend jemanden reinlegt, und der eine wie der andere es mit Humor nimmt. Friedrich dem Großen sagt man viele intelligente Streiche nach, die er selbst Staatsmännern und Königen mit Freude spielte. Und auch ein Herr von Goethe war bei dieser Bewegung zum besseren Streich nicht ausgenommen.

Der britische Humor gilt als besonders erlesen. Und so ist es auch nicht verwunderlich, daß es in England extra einen Gedenktag für Streiche gibt. Dieser Streichetag im Februar – Ragday genannt – ist für alle Briten zwar kein hoher Feiertag, aber dennoch wichtig, denn am Ragday gilt es seine lieben Mitmenschen hereinzulegen. Den Ragday könnte man bei uns mit dem ersten April vergleichen. Nur wird der Ragday noch stärker von der Öffentlichkeit beachtet. Die Tradition des Ragdays wird besonders von Studenten gepflegt, die an den berühmten Universitäten Oxford und Cambridge studieren. Die beiden rivalisierenden Universitäten treten alljährlich am Ragday zu einem Streichewettkampf an. Die Bevölkerung hat dann die Möglichkeit, die Streiche auf ihr Gelingen hin zu bewerten, ja, sie spendet sogar Geld für besonders gelungene Streiche. Die gespendeten Geldbeträge werden später karitativen Zwecken zur Verfügung gestellt. Bei diesen Ragdaystreichen geht es im besonderen darum, sich Streiche auszudenken, an denen die Bevölkerung teilnehmen kann. So ist es selbstverständlich, daß gerade über die Streiche der Studenten aus Oxford und Cambridge Zeitungen, Radio und Fernsehen berichten.

Beispielsweise ließen sich Studenten im berühmten Wachsfigurenkabinett Madame Tussaud's in London über Nacht einschließen, um den Kopf des damaligen Premierministers Harold Wilson verschwinden zu lassen. Die Aufregung am nächsten Tag war groß, denn die Besucher stellten fest, daß der Premierminister geköpft war. Natürlich kehrte der Kopf unversehrt zu Madame Tussaud's zurück.

Ein anderer Ragdaystreich basierte auf dem Gerücht, daß ein berühmter indischer Maharadscha in einer mittelenglischen Kleinstadt eintreffe. Das Gerücht war so perfekt lanciert, daß die Tages-

zeitung es willig verbreitete, und die Stadtväter überstürzt aktiv wurden, um dem hohen Gast auf dem Bahnhof einen entsprechenden Empfang bereiten zu können. Der Zeitpunkt war gekommen, und der berühmte Maharadscha kam an. Großartig aufgemacht, mit zahlreichem Gefolge stieg er aus dem Zug. Doch schon bald stellte sich heraus, daß es sich bei diesem hohen Besuch einzig und allein um perfekt verkleidete Studenten handelte. Die Stadtväter waren zwar ziemlich sauer, doch der Tag an dem der vermeintliche Maharadscha eintraf, war eben Ragday.
Auch die Amerikaner haben viel von dem britischen Humor geerbt. So gibt es eine ganze Reihe von amerikanischen Schauspielern und Komikern, die nicht nur auf der Leinwand seltsame Sache produzierten, sondern auch im Alltag. Der berühmte Komiker W. C. Fields legte im Laufe seines Lebens so viele Menschen herein und verübte auch im Privaten so viele makabre Streiche, daß man die Zeitungsmeldung von seinem Tod ebenfalls über längere Zeit nur für einen Scherz von ihm hielt.
Der Publikumsliebling Errol Flynn, der eng befreundet mit John Barrymoore war, wurde nach dem Tode Barrymoores Opfer eines makabren Streiches: Die gemeinen Freunde klauten die Leiche Barrymoores und setzten sie in Flynns Wohnzimmer. Dies ist ein besonders böser Streich, der nicht zur Nachahmung empfohlen wird.
Unendlich viele lustige Streiche produzierten die Marx Brothers. Diese berühmten Komiker, die heute noch in vielen Filmen die Leute zum Lachen bringen, waren aber auch privat nicht ohne. So verkleideten sie sich zum Beispiel während der Dreharbeiten zu einem ihrer Filme als Techniker und Beleuchter und mischten sich unter das Personal. Zwei Stunden lang genossen sie das Fluchen des Regisseurs, des Produktions- und Aufnahmeleiters und amüsierten sich köstlich über die Hektik, die ob ihres Nichterscheinens entstand. Als sie sich zu erkennen gaben, wurde das vom gesamten Studiopersonal mit großem Gelächter quittiert.
Die Streiche amerikanischer Filmschauspieler und Prominenter könnte man endlos lange fortsetzen, doch das ginge hier zu weit.

Aber nicht nur in Amerika und England wurden berühmte Streiche verübt, nein, auch das kleine Österreich wurde nicht selten Opfer eines großen Mannes: Helmut Qualtinger. Seine Streiche, die er den Kollegen, aber auch der Wiener Bevölkerung spielte, sind heute schon Legende. So hat er vor einigen Jahren die gesamte Wiener Presse und Öffentlichkeit mit einem köstlichen Streich hereingelegt: Er streute das Gerücht aus, ein berühmter Eskimoschriftsteller käme nach Wien, um dort aus seinem neuesten, aber jetzt schon weltberühmten Roman „Brennende Iglus" zu lesen.

Sofort entstand in den Redaktionen der Zeitungen große Hektik, denn man kannte weder den Verfasser noch den Roman. Da das aber niemand zugeben wollte, beobachtete man die Ankunft des vermeintlichen Eskimoschriftstellers mit Spannung. Der entscheidende Tag kam, und viele Menschen hatten sich auf dem Wiener Hauptbahnhof eingefunden, um den berühmten Schriftsteller gebührend zu empfangen. Aus dem Zug traten zwei Herren mit dramatischer Pelzkleidung, die Unverständliches von sich gaben, aber dennoch herzlich wirkten. Die anwesende Presse und Öffentlichkeit war begeistert, und auch der anschließende Empfang mit einer fingierten Dichterlesung ging perfekt über die Bühne. Am nächsten Tag waren die Zeitungen voll von dem Ereignis, denn es war Sommer und Ferienzeit, und da ist bekanntlich so wenig los, daß man dankbar für das Erscheinen des Eskimoschriftstellers war. Erst am nächsten Tag ließ Qualtinger die Sache auffliegen und erklärte, daß es sich bei diesen beiden Leuten um ihn und seinen Freund, einen bekannten Wiener Apotheker gehandelt habe. Natürlich waren die Journalisten sauer, gaben es aber nicht zu, und die gesamte Wiener Öffentlichkeit lachte sich kaputt.

Qualtinger hat viele Streiche verübt, und eine spezielle Gattung dieser Streiche wurde bekannt unter der Bezeichnung „Black Jokes", wobei es sich um besonders schwarzhumorige Streiche handelt.

Aber auch in Deutschland gab es viele Leute, die sich gute Streiche einfallen ließen. Um nicht immer in der Vergangenheit zu wühlen, möchte ich auf einen guten Streichemacher unserer Tage hinweisen.

Der Lehrer Bornemann aus der Lüneburger Heide gehört zur Zeit bestimmt zu den aktivsten Streichemachern unseres Landes. In seinen Büchern „Bornemanns Briefmacken“ und „Bornemanns lachende Erben“ hat er Streiche zusammengestellt, die er sich mit Industrie, Prominenten und Politikern geleistet hat.

Dabei benützt Bornemann immer nur ein Mittel: den Brief. Er schreibt die Leute mit allerhand unsinnigen Ansinnen und Bitten an und veranlaßt sie, auf den Brief zu antworten. So teilte er zum Beispiel einer Zuckerfabrik empört mit, auf dem von ihm gekauften Würfelzucker seien schwarze Würfelpunkte zu sehen gewesen, was seine Kinder zur hemmungslosen Spielwut getrieben habe. Er bat dann die Geschäftsleitung der Zuckerfabrik, zu diesem Sachverhalt Stellung zu nehmen. Die Geschäftsleitung ahnte natürlich nicht, daß es sich hier um einen Streich per Brief handelte und schrieb zurück,

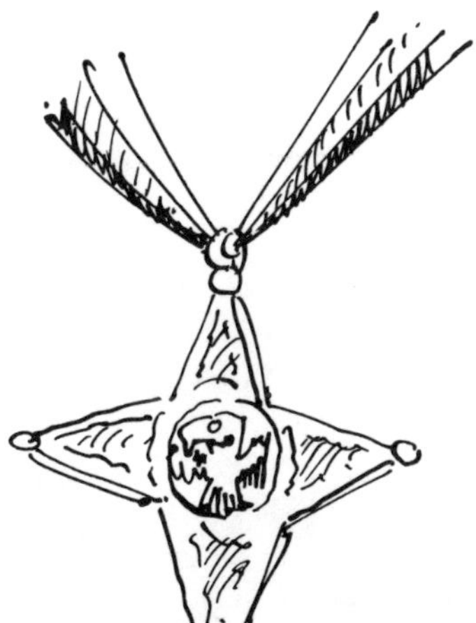

daß man sich den Sachverhalt zwar nicht erklären könne, doch bereit wäre, für eventuelle Schäden aufzukommen. Als Ausgleich und Wiedergutmachung erhielt Bornemann ein riesiges Paket mit Würfelzucker.

In einem anderen Fall schrieb Bornemann an Prominente aus Showgeschäft und Politik in der Rolle einer vermögenden alten Dame. In diesen Briefen sprach er zwar nicht von der Höhe des Vermögens, doch ginge es immerhin um ein stattliches Erbe, für das die vermeintliche alte Dame einen Erben suche. Die Antworten und die Spontanität der Reaktion waren unbeschreiblich. Fast alle waren auf das Erbe scharf. Die Briefwechsel zwischen Bornemann und seinen Opfern sind höchst amüsant und unterhaltsam, aber auch erstklassige Beispiele für gelungene Streiche per Post.

Eine prominente Dauerstreichserie kursiert in der höchsten Bonner Politik. Das Vehikel dieser Streiche, die von verschiedenen Mitgliedern des diplomatischen Corps getragen werden, ist der Ministerialdirigent Edmund F. Dräcker. Dieses gut gepflegte Phantom benützt die Bonner Diplomatie für ihre Art von feinen Streichen. Das Phantom Dräcker ist die überragende Persönlichkeit der deutschen Diplomatie. Keiner hat erreicht, was Dräcker schaffte: Internatio-

nale Anerkennung in Ost und West, auf nationaler Ebene und quer durch alle intellektuellen Schichten unserer Republik. Dräcker, rüstig wie eh und je, heute angeblich 96 Jahre alt, wurde bereits

1974 mit einer Biographie umfassend geehrt. Doch kann dieses nicht genügen!
Das Buch, die Dokumentation dieser diplomatischen Streiche, „Ministerialdirigent a. D. Dr. h. c. Edmund F. (Friedemann) Dräcker, Leben und Werk, vom kaiserlichen Reserveoffizier zum indischen Guru" nun endlich nach langem Warten, die „vorläufig endgültige Ausgabe letzter Hand". Dieser literarisch-diplomatische Leckerbissen dokumentiert, welcher Humor und welche Feinsinnigkeit bei einem Teil der deutschen Diplomaten vorhanden sind. Dräcker wurde als „Legationsrat Dräcker" vor Jahrzehnten als Ausrede von einem Diplomaten erfunden, damit er zum Essen gehen konnte. Seitdem korrespondierte und verhandelte der freierfundene Dräkker mit vielen Großen der deutschen Nachkriegspolitik. Natürlich gibt das Buch umfassende Auskünfte über Herkunft, Abstammung und Werdegang Dräckers sowie über seine Vorschläge und Initiativen. Allein der Stammbaum der Familie Dréquèeres de Dréque und Dräcker liefert schon Humor vom Feinsten. (Das Werk „Ministerialdirigent a. D. Dr. h.c. Edmund F. [Friedemann] Dräcker, Leben und Werk", erscheint im Verlag Moos & Partner, München, als „vorläufig endgültige Ausgabe letzter Hand". Erhältlich im diplomatisch interessierten Buchhandel.)

Streiche in der Literatur

Streiche wurden und werden immer noch in allen Schichten geliebt und geschätzt. Und auch Schriftsteller sind von der Neigung zum Streich nicht ausgeschlossen. Selbst der Geheimrat Goethe hat in seinem „Reinecke Fuchs" einige Streiche vorzustellen. Auch Schwänke aus dem Mittelalter beschreiben fast ausschließlich Streiche und Schabernack. Unzählige Geschichten über gelungene und mißlungene Streiche gibt es. Doch sollen nur ein paar vorgestellt werden, ohne Wertung und ohne Anspruch auf Vollständigkeit. Da wäre einer zu nennen, der weit über Münchens Grenzen hinaus durch seine Streiche, seine Komik und seinen skurrilen Witz bekannt wurde: Karl Valentin. Schon als Junge hatte es Karl Valentin faustdick hinter den Ohren, so erzählt er jedenfalls. Nicht nur, daß er die gläubigen Frauen in einer Christmette mit einer Wäscheleine zusammenband, auch seine Eislaufkunststücke waren zum Teil üble Streiche mit schweren Folgen. Ebenso hatte der kleine Karl eine große Vorliebe für Schießpulver, das er erfolgreich bei der Fronleichnamsprozession einsetzte. Das Fischesprengen oder auch das Drachensteigen mit Donner und Blitz hat er sich ausgedacht. In seiner Biographie sind alle Valentinstreiche in den Kapiteln „Winter- und Jugendstreiche" zusammengefaßt.
Zu Valentins Zeiten gab es das „Geburtsglöcklein", mit dem die Hebamme geholt wurde. Diese Hebammenglocke wurde vom jungen Valentin „wesentlich verbessert". So band er einen frischen Schinkenknochen unten an die Glockenstrippe, und jeder Hund versuchte, den Knochen zu erbeuten. Mit der Nebenwirkung, daß das Hebammenglöcklein ziemlich häufig am Tag läutete und die arme Hebamme mächtig auf Trab gehalten wurde. Aus den „Hundsgeschichten" stammt auch der Streich mit dem Hundehaar. Man schneidet einer Hündin am Hinterteil ein Stück vom Fell ab. Diese Hundehaare kommen dann in eine Schachtel, die man dem „Opfer" in die Manteltasche steckt. Kaum ist dann der Arme auf der

Straße unterwegs, werden Hunde magisch von ihm angezogen. Valentin hat es mit dem Schreinergesellen aus der väterlichen Werkstatt ausprobiert.

Bei Wilhelm Busch machte Valentin auch Anleihen. So zum Beispiel mit den Brotstücken, die er, am Faden befestigt, den Enten zum Fressen hinwarf. Nachdem die Enten das Brot samt Faden geschluckt hatten, haben der junge Karl und seine Freunde ihnen immer wieder das Brot aus dem Magen gezogen. Valentin: „Daß eine Ente gut schmeckt, weiß ich, aber daß sie so saudumm ist, habe ich nicht gewußt."

Eine andere „Viecherei" war das Hühnerfüttern mit biergetränktem Brot. Danach hatten die Hühner schwere Geh- und Gleichgewichtsstörungen. Die besoffenen Hühner waren die größte Freude für den jungen Valentin und seine Freunde.
Karl Valentin hat viele Jugendstreiche verübt, die nicht immer ganz harmlos waren. Aber Kinder sind nun mal grausam, und daran hat sich bis heute nichts geändert.
Später gehörten zu Valentins Streichen die Kleinanzeigen, die die Menschheit zum Lachen brachten und nicht selten verwirrten.
So zum Beispiel:

> „Wer leiht einem jungen Sänger ein altes Lied zum Singen?"

Oder:

> „Am verflossenen Freitag wurde Ecke
> Marienplatz eine Havanna-Zigarre verloren.
> Abzugeben bei E. Weiß, Schwarzstraße 0/4.
> Vorsicht!! Nicht einstecken – brennt noch!"

Die Zeitung war für Karl Valentin ein geschätztes Medium, um seinen skurrilen Witz unter die Leute zu bringen.

So massive Drohungen gehörten auch dazu:

" Wenn Frau Otto Gerber
die bei mir hinterlegten
2 Essiggurken nicht binnen 14 Tagen
abholt, wird darüber verfügt.
Frau C. Huber."

Oder auch solche Anzeigen waren dabei:

„Tüchtige Verbrecher werden
ständig gesucht.
Staatsanwaltschaft München."

Nonsens in feinster Form:

„Kochherd
samt Feuer und halbfertigem Schweinsbraten sofort zu verkaufen."

Oder:

„Klavier, gut erhalten,
wegen Anschaffung einer Semmelbrösel-Reib-Maschine
zu verkaufen!"

Oder:

„Brieftaube
für eingeschriebene Briefe zu kaufen gesucht!"

Der Querdenker Valentin ist auch heute noch Vorbild für viele Kabarettisten und Schreiber.
(Alles von Karl Valentin, Piper, 1978)

Ein weiterer schreibender Bayer war der Rechtsanwalt Ludwig Thoma. In seinen Lausbubengeschichten gibt es lustige Streiche von der ersten bis zur letzten Seite, allesamt Jugendsünden, deshalb auch der Titel.

Thoma ist, wie Valentin, zu Zeiten jung gewesen, als das Bürgertum noch sehr strenge Sitten hatte. Es war bei weitem nicht alles so locker, wie es heute genommen wird. Dennoch waren die Streiche damals nicht schlechter als die Streiche heute, wenn nicht sogar lustiger. So erzählt Thoma nicht nur, wie er seiner ungeliebten Tante Brausepulver in den Nachttopf tat, was die Tante zutiefst erschreckte. Auch den Spielgefährten versenkte er mit dem Tütchen Schwarzpulver, das er meist in der Tasche hatte, das geliebte Spielzeugkriegsschiff. Der junge Thoma hatte auch einige grausame Scherze auf Lager, wie zum Beispiel einer Katze einen Kracher an den Schwanz zu binden und anzuzünden. Diese Streiche zu lesen macht Spaß, aber zur Nachahmung möchte ich sie nicht emfehlen.
Generell läßt sich feststellen, daß die Streiche in der Literatur meistens grausamer und gefährlicher waren, als das, was man heute machen sollte und darf. Was der junge Thoma so angestellt hat, davon darf unsereins nur träumen. Lehrer waren ein besonders beliebtes Ziel von Thoma, wofür er auch nicht selten Strafen einstekken mußte. Aber nicht nur in den „Lausbubengeschichten" (dtv, Band 480) sind viele Streiche aufgezeichnet, sondern auch in anderen Büchern von Ludwig Thoma findet man das eine oder andere,

was sich nachmachen läßt. So zum Beispiel in „Josef Filser's Briefwechsel" (Serie Piper 379). In Thomas Werken findet man viele Streiche zum Lesen, zum Anregen und Nachmachen. Aber Vorsicht ist geboten.
Ein anderer Vertreter des eher handfesten Streiches ist Wilhelm Busch. Seine Geschichten von Max und Moritz, von Plisch und Plum, von der frommen Helene kennt heute fast jeder. Wilhelm Busch gehört zu den Standardwerken in Sachen Streiche. Da hat die fromme Helene dem guten Onkel die Ärmel des Nachthemdes zugenäht, was eine Verwüstung des ehelichen Schlafzimmers und die totale Zerstörung des Nachthemdes zur Folge hatte:

„Erst nimmt er seine Schlummerprise,
Denn er ist sehr gewöhnt an diese.
Und nun vertauscht er mit Bedacht,
Das Hemd des Tages mit dem der Nacht.
Doch geht's nicht so, wie er wohl möcht'.
Denn die Geschichte will nicht recht.
„Potz tausend, das ist wunderlich",
Der Onkel Nolte ärgert sich."

In seinem „Humoristischen Hausschatz" von 1899 stehen viele böse Streiche. So zum Beispiel zündet auch die fromme Helene der Katze den Schwanz an, indem sie erst den Schwanz in der Tür einklemmt, dann eine Papiertüte an den Schwanz bindet und diese anzündet. Natürlich rannte die Katze gepeinigt davon.
Auch dem armen Onkel wurde immer wieder böse mitgespielt. Der Frosch in der Schnupftabaksdose, der ihm entgegensprang. Oder die Bettdecke, an der eine Schnur befestigt war und durch das Schlüsselloch geführt wurde. Begab er sich zur Ruhe, zog beim ersten Einschlafen die gute Helene hinterm Schlüsselloch die Decke einfach weg.
Oder auch Onkel Fritz, der abends im Bett mit den Maikäfern unter der Decke zu kämpfen hat. Fast endlos ist die Liste der Buschschen Streiche, die er in bewährter Versform mit feinem Strich dazu vorstellte.